"十三五"上海重点出版物规划项目
上海文化发展基金会图书出版专项基金资助项目
社会政策前沿译库

未竟之业：
福利国家如何适应女性新角色

The Incomplete Revolution: Adapting to Women's New Roles

[丹]古斯塔·埃斯平-安德森(Gøsta Esping-Andersen) 著
黄玉琴 王 捷 主译

華東理工大學出版社
EAST CHINA UNIVERSITY OF SCIENCE AND TECHNOLOGY PRESS
·上海·

图书在版编目(CIP)数据

未竟之业 ：福利国家如何适应女性新角色/(丹)古斯塔·埃斯平-安德森著；黄玉琴，王捷主译.—上海:华东理工大学出版社,2020.12
(社会政策前沿译库)
书名原文:The Incomplete Revolution: Adapting to Women's New Roles
ISBN 978-7-5628-6346-5

Ⅰ.①未… Ⅱ.①古… ②黄… ③王… Ⅲ.①女性-影响-福利国家-研究 Ⅳ.①D089

中国版本图书馆 CIP 数据核字(2020)第 272022 号

This Simplified-Chinese translation edition translated from the following title published by Polity Press Ltd. :*The Incomplete Revolution: Adapting to Women's New Roles*(1st edition).
(ISBN:9780745643151)

This edition is published by arrangement with Polity Press., Cambridge.

上海市版权局著作权合同登记　　图字:09-2015-1121 号

策划编辑 / 刘　军
责任编辑 / 孟媛利
装帧设计 / 王　翔
出版发行 / 华东理工大学出版社有限公司
地址: 上海市梅陇路 130 号,200237
电话: 021-64250306
网址: www.ecustpress.cn
邮箱: zongbianban@ecustpress.cn
印　刷 / 江苏凤凰数码印务有限公司
开　本 / 710mm×1000mm　1/16
印　张 / 12.75
字　数 / 184 千字
版　次 / 2020 年 12 月第 1 版
印　次 / 2020 年 12 月第 1 次
定　价 / 120.00 元

社会政策前沿译库

丛书序言

preface

社会政策一直以来被视作西方工业化与现代化的产物。市场作为资源分配的最重要手段面临失灵的困境，个人及家庭不得不面对各种风险，而传统的对抗风险的主体，如家庭、教会、互助组织在此过程中也面临变革及不确定性，因此国家干预成为大势所趋，福利国家的扩张与发展成为历史的必然。20世纪70年代以后，社会政策的焦点才开始超越费边福利国家主义的狭隘边界，将市场、家庭、第三部门等其他多元福利提供主体重新带回理论争论中，重新反思福利权利与福利责任、福利多元治理等议题，以及对“国家福利是否值得追求”“为什么要去追求”等更深层次的意识形态问题进行探讨。

纵观20世纪70年代末福利国家危机以来，西方社会政策在实践上已有诸多变革。首先是福利市场化与私有化的改革。曾经的福利国家橱窗——英国在撒切尔政府的带领下逐步开始福利市场化的改革，与强调“管得少的政府是最好的政府”的美国具有不谋而合之处。市场化及私有化理念在世界银行、国际货币基金组织、经济合作与发展组织的推动下被广泛传播，对全球社会政策的改革都产生了深远的影响。然而值得注意的是，大家已不约而同地开始反思福利市场化改革所带来的问题、市场化是否促进了社会政策中关于公平与正义的价值理念。其次是福利国家的类型化不断被打破。古斯塔·埃斯平–安德森的《福利资本主义的三个世界》把资本主义福利制度划分成三种类型后，不断有新的福利国家类型被提出，比如地中海福利国家类型、东欧转型福利国家类型、东亚福利国家类型等。不同国家的社会政策改革总是具有一定的路径依赖性，同时又被打上时代烙印。而不断涌现的福利国家类型本质上体现了不同国家在福利治理上的因地制宜的实践。最后是社会政策的改革越来越强调对社会政策的评估,即政策中谁从中受益、谁没有受益、谁应该受益等。这与社会政策这一学科的独特性有关,与其他学科相比,社会政策更关注弱势群体,以及社会公平正义的价值取向。对社会政策的评估反过来可以对更加科学地制定和实施社会政策具有一定的促进作用。

与西方国家相比,我国的社会政策发展在理论和实践上都非常"年轻"。直到21世纪初,我国才快速步入了社会政策时代。一方面,这意味着我国社会政策发展面临前所未有的机遇,社会政策既作为社会的稳定器,同时又作为经济发展的助推器,在制度设计、原则确立以及推进方式上进行了多种创新实践。另一方面,也意味着我国社会政策的发展由于基础弱,尚面临诸多难题和挑战。

为推动中国社会政策研究和学科的发展,吸收和借鉴国际最新理论与经验,2015年年初,华东理工大学社会学系同仁决定引进翻译一批国际社会政策领域的前沿著作。历经多年的努力,这套《社会政策前沿译库》终于付梓。该丛书涉及社会政策理论、全球社会政策治理、环境社会政策、家庭社会政策等领域,涵盖了国际上社会政策各个分支学派的思想与智慧。希望这套丛书的出版能够为推动中国社会政策理论研究与实务发展做出一定的贡献。

何雪松

华东理工大学社会与公共管理学院院长、教授、博士生导师

图表清单

illustrations

图

表

致　　谢

acknowledgements

几年前，我曾郑重起誓，从今以后，我的研究和写作再也不和“福利国家”的主题沾边。但现在，我食言了，因为我再次回到了这个老主题上。在人的一生中，我们总会遇到无法推却的好意。2006 年年末，我有幸受到法兰西学院（the Collège de France）的邀请，做每年一次的“三讲”（Trois Lecons）讲座。当时的法国正就其社会保障的未来进行持续而热烈的讨论。在这种环境下，我只好围绕社会政策问题来设计“三讲”。2008 年，这“三讲”的内容演变成一本小小的书——《福利国家三讲》（*Trois Lecons sur L'Etat de Providence*），并由门槛出版社（Le Seuil）出版。我用这“三讲”作为本书第三章至第五章的蓝本，并在此基础上进行了大幅修改和论证材料的补充。本书的法文版主要面向一般的、非专业的大众，其英文版则更学术化一些。

老实说，打破我曾经的郑重誓言还挺容易的。我的“后—福利国家”作品主要围绕以下议题展开：代际流动、机会均等、家庭人口学以及社会经济不平等的变化轨迹。无须我们多想，就知道这些正是社会政策研究的中心问题。

其中的一个问题将我拉回到福利国家的研究中，那就是一般意义上的社会传承问题（social inheritance），尤其是早期的童年境况如何影响了后期的生活机会。我寻找解释生活机会的真正机制，这不可避免地引导我思考如何能制定出可保障所有孩子享有最好机会的政策。事实上，我发现自己紧随詹姆斯·赫克曼（James Heckman）的脚步，想发起一场运动来让世界认识到在我们的孩子身上进行投资是何等的紧迫和重要。

令我惊奇的是，我在政界和学界遇到了不少知音。我尤其要感谢如德·德·姆依(Ruud de Mooij)、保罗·尼汝普·拉斯姆森(Paul Nyrup Rasmussen)、英国公共政策研究所(IPPR)的同仁、欧盟主席和布努诺·帕里尔(Bruno Pallier),他们鼓励我推进这项为婴儿而发起的运动。同样,我也要感谢那些邀请我开展这项运动的机构:欧盟轮值主席国比利时,荷兰的养老金、老龄化和退休研究网络(NETSPAR)与社会保险研究所(Social Insurance Institute),英国的公共政策研究所,南丹麦大学(University of Southern Denmark),奥尔堡大学(Aalborg University),丹麦议会,法国和德国的社会主义党,位于柏林的瑞典大使馆,马克斯普朗克人口学研究所(Max Planck Institute for Demographic Studies),西班牙加泰罗尼亚政府,西班牙财政部,欧盟社会政策咨询部(尤其是咨询部中的法兰西学院)。

我过去几年的研究成果将展示在接下来的章节中。感谢那么多优秀的研究助理,因为他们,我得到了许多有趣的实证研究结果,而这些结果是有坚实的科学研究支撑的。我尤其要感谢约瑟夫·密斯特斯(Josep Mestres)[他和我共同分析了"国际成人识字率调查"(IALS)和"国际学生评估项目"(PISA)的数据]、斯特凡妮·布罗德曼(Stefanie Brodmann)(她对"生育"数据进行了上千次的回归分析)、博凯·奥茨坎(Berkay Ozcan)(他在确定女性的工作如何影响其收入分配问题以及与之相关的棘手的方法论问题上进行了艰苦的研究)和帕勃罗·格利西亚(Pablo Gracia)(她像斯特凡妮一样,对"时间使用"数据进行了上千次的回归分析)。还有,别忘了,所有这些研究之所以能取得良好进展,要归功于西班牙教育和科学部给予的慷慨的资金支持。

我的同事也一直在帮助我,他们中有许多人也是我的朋友。我非常感谢布努诺·帕里尔,他促成了"三讲"项目,这本书正是从该项目而来。我从金思·邦可(Jens Bonke)那里学到了很多关于"时间使用"的知识;约翰·迈尔斯(John Myles)总是能使我"接地气"一些,他一直是我最喜欢的合著者之一,本书的第五章是在他和我几年前合著的一篇论文的基础上发展而来的。我还要感谢以下朋友:马可·阿尔伯提尼(Marco Albertini),琳·库克(Lynn Cooke),安德斯·霍尔姆(Anders Holm),马尔库斯·健缇(Marcus Jantti),克斯·冯·克斯博良(Kees van Kersbergen),雪莉·伦德博格

(Shelly Lundberg),路易斯·密第纳(Luis Medina),布莱恩·诺兰(Brian Nolan),亚当·普策沃斯基(Adam Przeworski),杰基·斯科特(Jackie Scott),麦克·沙莉芙(Michael Shalev),提姆·斯密丁(Tim Smeeding),简·瓦德福格(Jane Waldfogel)和克里斯·威兰(Chris Whelan)。位于西班牙庞贝法布拉的"人口社会小组"(DEMOSOC group)是我学术生涯中的一个很棒的"家"。感谢哥本哈根大学的社会学所和丹麦社会研究所,在本书成书的最后阶段给了我一段愉快的短暂休息时间和集中精力的机会。尼尔斯·普劳格(Niels Ploug)和卡斯滕·斯托比(Carsten Stroeby)促成了这个机会,我对他们心存感激。

最后,为了强调一个愉快童年的重要性,我将本书献给戴维(David)和雅各布(Jacob)。

古斯塔·埃斯平–安德森

巴塞罗那和哥本哈根,2008 年秋

目　录

contents

导　言

过去几十年里风云变幻，变化可谓翻天覆地。如同任何一本标准的教科书所描述的那样，随着社会生活的新原则以无人预期的态势强力出场，长期存在的社会基石逐渐被销蚀了。在过去，“工业主义的逻辑”是一个有力的人为概念，它推动着我们身为劳动者的生活、我们在社会等级中的位置以及我们预期会遵循的生命历程。但现在，因为三分之二的经济活动是以服务为中心的，这个概念显然过时了。同样，由男性养家的家庭类型正变成濒临灭绝的“物种”，而仅仅十几年以前被认为“非典型”的家庭类型则成了今天的主流。那些从媒体报道中获得蛛丝马迹的人多半忧心忡忡地认为，全球化是一种庞大的力量，它摧毁了我们所珍视的一切。技术持续发展，而且其迅猛程度和综合影响力在过去几十年里达到了前所未有的高度。

本书的焦点——女性地位的变迁——虽然较少受人关注，但无疑是一个很大的革命性的剧变。克劳迪亚·戈尔丁（Claudia Goldin，2006）称其为“女性角色的寂静革命”。这个革命，就其对所有主要的社会制度直接和间接的震撼性影响来说，可以和新技术的影响相媲美。同时，像新技术的发展一样，这场革命仍未发展成熟。这个未竟的革命与主要的不平等有关。

这些年来，社会科学一直努力抓住新的社会秩序背后的驱动逻辑。但很多情况下，我们所做的仅仅是在“贴标签”。接受丹尼尔·贝尔（Daniel Bell）的说法后，笔者也开始拥抱“后工业的”理论了。那些与人文学科较亲近的人更倾向于以后现代（post-modern）的视角来辨识这个新世界。另外一些人则认为世界充满了后唯物主义（post-materialism）。

很少有人不为过去贴上一个“后”（post）的标签。

社会经历了巨大变化，但抓住其本质又非常困难。笔者认为，这些困难出于三个原因。第一个原因是，持怀疑论的学者提醒我们：没有必要搞得很戏剧化，因为社会很可能一如既往地以一种渐进的、零碎的方式适应和调整。我们今天看到的大部分变化，基本上是我们昨天经历的延伸。但对“后—××”的应和声渐盛，表明更剧烈的变化正在发生。

第二个原因在于日渐四分五裂的社会学伟业。人口老龄化发展得非常迅速，这无疑与社会经济运作方式的变迁有关。但大体上，那些想解决老龄化问题的人将目光狭隘地集中在与老龄化直接相关的因素上，他们要么关注老年照护的新需求，要么担忧福利国家财政的黯淡前景。同样，学科划分也解释了为什么我们无法确定女性角色变迁是如何具有革命性的。关注女性角色变化的学者几乎全是透过性别不平等的滤镜来分析该议题的，而无其他洞见。如果我们正在经历卡尔·波兰尼（Karl Polanyi，1944）在关于资本主义崛起的伟大探索中所描绘的“巨变”，那我们需要的证据则远远不止是社会秩序分崩离析的各个部分。如果有关的各个部分之间有可见的互动和协同作用，“巨变”才更有可能展现出来。我们需要将这些分离的部分联结起来。

第三个原因颇为吊诡：那些少数几个愿意冒险做整体性分析的人相当不愿意做简约的实证解释。将上述的分离部分联结起来是一项智力工程，很容易会独占某个人的整个学术生涯，而且还需要有异于常人的综合性思维。笔者认为，公平地说，到目前为止，利用整体性分析得出的结果都是令人沮丧的。这些“贴标签家”可能提供了一些具有启发意义的“小插画”，但他们却没能系统地关注那些真正起作用的清晰的因果关系。宏观的“拉在一起”的作品，如曼纽尔·卡斯特尔（Manuel Castells，1996）关于网络社会的三卷本，往往落入了一个功能主义的模式。这种意图将拼图的所有碎片拼成一个完美场景的努力很可能只会产生平淡无奇的认识，即一切与一切相关。无论如何，这些学术努力必然对经验证伪“免疫”，这可能就是这些作品在科学争论中引起的反响较小的原因。

“我”不是社会学界的米开朗琪罗，因此无法描绘出一幅社会学版本的西斯廷教堂穹顶画。本书的书名也显示出，笔者的目的就是处理女性角色的（未竟的）革命的议题。笔者相信自己绝不是第一个做这件事的人，有更优秀、更聪明的人已经研究这个问题几十年了。笔者将这个过程看作天生革命性的，因为它颠覆了那么多根深蒂固的既定存在和作为。但笔者的主要论点是，这场目前未竟的革命正在我们的社会中挑起严重的失衡。这在以下三点中表现得尤为明显：一是社会中的孩子远比我们想要的要少，二是对这些不断减少的孩子的投资太少，三是人口老龄化。一个主要的顾虑是，女性革命也可能是产生新的不平等的预兆，甚至可能预示着进一步的社会两极化。

单个家庭能搞定这些失衡吗？我们能对市场抱有信心吗？笔者的答案是：可能不能。这就是福利国家又成为笔者分析的中心的原因。经典的女权主义文献像笔者一样将关注点放在对新的社会政策的需求上。但在大多数情况下，这些文献关心的是与根深蒂固的父权制、性别歧视和维持工作—家庭平衡的尴尬等问题相关的平等问题，不得不说，这有点狭隘。笔者认为，我们都会同意“平等是一个可行的、重塑我们社会方案的必要条件”这一说法。但笔者的分析目标是同时处理与福利国家调整相关的效率问题。基本上，笔者给自己的真正挑战是确定一个真正的最优帕累托模型。这表明：首先，任何的效率提高（如提高生产效率）都不能以牺牲更多的平等为代价来获得；反之，福利的改善自身看起来很美，但如果它们损害了效率，就不会产生最佳效果。其次，在改善某些人的状况而不损害其他人利益的替代分配方案不可能存在的情况下，我们可以说，我们已实现分配最优①。在本书第三章至第五章中，笔者尽力在自己的研究中采用这些原则，借此寻找一项新的家庭政策——一种为我们的孩子的生活机会投资的策略，以及一场退休改革，该改革不仅能保障财务上的可持续性，还能保证代际内和代际的更大平等。

笔者将这些变成政治口号，只因笔者单纯地相信这能帮助我们的政客们领悟到这一点，但却鲜少成功。笔者更喜欢的口号是“养老金改革应从娃娃开始”。这是一句非常有用的金句，因为它将人生的不同阶段联结起

① 罗尔斯（Rawls，1967）的研究展示了一个最优帕累托原则。

来，强调了人们的童年经历对后期的生活机会何等重要。笔者相信，采用生命历程视角这一方法是一种非常有力的分析工具。它允许或实际上推动我们以一个非功能主义的方式将社会现实联结起来。人的生命历程是因果相连的。如果我们能找出某些社会机制［其可以将某个阶段（如老年）的福祉或社会问题与早期人生阶段的状况联结起来］，我们就能更好地明确塑造可以维护个体生活和社会共同体命运的力量。如果我们能说服政客们相信一切应从娃娃开始，那么我们未来很有可能就会看到更少的不平等和更高的生产力。良好的儿童政策很有可能带来真正非凡的帕累托改善。

一、识别革命性的变化

我们通常能为那些被认定为社会新生事物的变革找到历史存在。许多学者关注了家庭经历的明显变革，这是因为该变革与兴起的福利不平等紧密相关。我们看到了收入的两极分化，其首端是双职工夫妇，末端是单职工夫妇（夫妻二人中仅有一人有工作）或者更坏的情况（如双双失业的夫妇）。

传统的核心家庭越来越“小众”，面临着数量众多的“非典型的”替代形式的残酷竞争，如未婚同居、单身（或独身）和单亲家庭。对现代的情形的肤浅理解会使我们像曾经所认为的那样，相信家庭最终会成为我们社会学的侏罗纪公园中的另一件展品。在北欧和北美，几乎半数的婚姻以离婚收场，越来越多的人似乎对婚姻唯恐避之不及。即使结婚，人们的结婚年龄也比过去要推迟很多。一大群女性，尤其是美国女性，有意选择做单亲妈妈。在北欧，几乎半数的孩子都是非婚生的。我们普遍认为的具有决定性意义的生命历程事件所发生的时间也经历了明显的变化。我们不断推迟结婚和生育的年龄，但我们也期待其他生命历程事件的到来，比如退休。而且，关键的生命历程事件之间变得毫无联系。越来越多的人将“为人母”和结婚区分开来，而在过去，这两者基本上是同义的。同时，有相当大比例的现代女性选择终身不育或只养育一个孩子。很大一部分发达国家似乎患了人口学家所称的“超低”生育率综合征。社会科学家仍然对这种综合征困惑不解。

如果对家庭统计数据做一番深入的研究，我们就会发现一个矛盾的图景。若我们选择第二次世界大战后的几十年作为参照，那我们就会发现革命无处不在。但如果我们将历史时段拉长，我们会发现这一图景具有令人惊奇的稳定性。比如，美国20世纪80年代的单亲母亲率基本上和一百年以前的数据相同，两个年代的终身未婚女性的比例和结婚年龄的中位数也是如此。北欧的生育行为显然也呈相同的模式。如今，初次生育的平均年龄是30岁，这和一百年以前相同，但比1960年推后了5岁。

由此可以得出非常重要的两点。第一，当我们以关于变化的数据来推断革命性的转变时，我们要慎之又慎。第二次世界大战后，社会科学家如加里·贝克尔（Gary Becker）和塔尔科特·帕森斯（Talcott Parsons）假设，“稳定的核心家庭标志着朝向现代性的划时代发展达到了顶点”，而现在看来，这是极其错误的。事实上，我们现在明白了：20世纪中期的家庭行为实际上在所有重要的方面都是一个历史异常。战后“婴儿潮”时期的生育率暴涨在历史长河中只不过是一个短暂的插曲。

第二点更加重要。如果我们对社会事实和现象做一番研究，可能会发现它们在历史上已经发生过了，因此可以得出以下结论：阳光之下无新鲜事。但社会科学要发挥作用，而不仅仅是对社会事实做点儿评论，还要试图找出促使这些事实开始的、潜藏着的驱动力。

至于家庭构成，许多人发现，如今单亲父亲、单亲母亲或终身未婚现象背后的主因与一个世纪以前是不同的，但笔者不认为人们会觉得这很奇怪。过去，普遍的贫困使人们推迟了结婚和生儿育女。而正如笔者在第一章中将要讨论的，如今的推迟，其原因主要在于女性对自主的渴望。过去，单亲母亲通常是和守寡联系在一起的；而如今，则主要是离婚造成的。一个世纪以前，大量的女性终身未婚或未育，因为她们被迫终其一生为特权阶级家庭服务。而如今，终身未婚和未育的女性则多半是专业人士和管理人员——她们通常是上述特权阶级的后裔。

关于家庭的例子很容易被推而广之。再拿服务经济的出现做个例子。服务经济被誉为后工业社会的基石。许多年前，服务业提供的就业份额就超过了制造业。第二次世界大战后，服务业飞速发展，也推动了观念的革命性变革。一些服务业，比如和信息技术相关的产业，毋庸置疑是新近产生的；但大量的“新”的服务业工作与以前那些家庭和制造企业的工作是一样的。不少家庭将许多孩子照料、食物预备、洗衣和清洁的工作让“外人”（相对于家庭成员而言）做了；企业也将他们的设计、市场和会计工作外包了。

我们使用的这种国民核算数据掩盖了外部化的过程，这使得我们相信我们生活在一个全新的世界中。和以前一样，或许社会事实——在这个例子中指“服务”——并没有预示着一场变迁，而是揭示了隐藏的因果机制。一个世纪以前，服务消费主要是由享有特权的富人推动的。他们无疑是密集服务的消费者，有一大群侍女、保姆和仆人——这些人发现，自己很难在提供服务和对婚育的渴望之间进行良好协调——围着他们转。但在那个时期，对服务的总需求是有限的，因为从统计上来说，特权阶级只代表着一个很小的消费群体。相反，今天的服务经济是受日益扩大的消费群体所产生的强大购买力所驱使的；同样重要的是，廉价的家仆和家庭主妇的消失也推动了服务经济的产生。

所有这一切并不意味着现代社会没有发生什么历史上从未出现过的新鲜事。过去几十年来，科技上已经出现了多次非同寻常的飞跃，这反过来对民众的收入、收入分配和职业前景产生了巨大影响。同样，在这几十年里，人们的受教育程度和技能水平的提升也是史无前例的，虽然与科技的进步比起来还是落后一点儿。

从（甘于做）家庭主妇到终身致力于事业的转变是出其不意且迅速的，这点甚至可以和技术的突飞猛进相媲美，且其势头几乎是革命性的。先想想国际先驱们吧！1950 年，瑞典和美国的女性就业率徘徊在 35%左右；而现在，在瑞典，该数字是 75%，在美国是 71%。20 世纪 70 年代，这个数字迅速增加，从那时起，已育女性的终身就业就已成为常态。在一些落后的国家，如南欧（的某些国家），女性角色的转变也正以惊人的速度进行着。自 1990 年以来，西班牙女性的总体就业率上升了 65%，有孩子的年轻女性的就业率已接近美国。

一些人质疑这个变化是否代表着某种真正的“革命”，他们认为，在过去，大部分女性不只是家庭妇女，她们也积极地为家庭经济做贡献，尤其是农业社会中的女性。与在服务经济中的例子一样，既然正式的统计数据因统计信息不足还未对此做出解释，那这个变化有可能是假的。在农业社会中，家庭劳动的历史数据如饲养家畜和种植蔬菜的数据表明女性劳动的现象很常见，但这些数据也表明：从花费的时间来看，这些劳动即使不是边缘性的，也是次要的。但笔者要证明的是，在过去几十年里，家庭生产的状况也发生了巨变。夫妻们可能仍然按性别分工，且传统的性别规范仍然存在。但毫无疑问的是，以性别划分为基础的专门化正在逐渐被削弱。

这是女性革命的一个方面，但其逻辑肯定是加里·贝克尔（Gary Becker）的家庭理论所无法接受的。笔者将罗列证据来说明：夫妻间更多的是基于彼此的权力关系和喜好来做决定，而不是基于他们各自的生产力。

女性角色的革命和知识经济的兴起同时发生。这两者都可能对社会福利的所有重要方面造成新的、更密集的不平等。这是本书第二章的主题。戈尔丁和卡茨（Goldin and Katz，2008）的观点似乎更加令人信服：技术变化并不是与生俱来就会造成不平等。如果人力资本无法匹配知识经济的发展速度，后者将带来大量的不平等。戈尔丁和卡茨将美国收入差距的急剧扩大归因于过去三十年间大学招生的迟滞。笔者提出，发达国家人力资本的赤字不只是缘于正式教育的局限。认知技能和非认知技能对知识密集的生产系统是必要的，而这些技能都是在人类的童年早期获得的。因此，家庭福利是经济良好运行的主要动力。从公平的角度来看，我们要求福利国家进行改革的理由无疑是非常充分的。如今，孩子们的主要机会仍然过多地取决于出生的运气（通俗地讲，就是取决于其所出生的家庭）。这意味着不平等将一直存在，但同时这也是对人力资本的一种浪费。笔者在整本书中论述的一个核心要点是：大体上，为了提高效率，我们要推行提升平等的改革。问题可以归结为：“更确切地说，我们要进行什么样的改革呢？”

在第三章中，笔者为推出一项新的家庭政策提出了有力的论据和例证。笔者以自己之前出版的书中的观点为论点提出，一个可行的家庭政策的实质在于它能通过“去家庭化”，尤其是照料需求的“去家庭化”将家庭的能力最大化。或许最重要的论点在于：家庭政策需要加速女性革命的成熟。若是女性革命仍未成功，不平等定将继续肆虐，即使它不再那么两极分化。

在第四章中，笔者主张（形成）一种可以代表儿童利益的社会投资策略。核心问题是，社会传承仍然对儿童的生活机会产生重大影响。不断扩大的社会不平等必将使这种情况恶化。有两个问题至关重要。首先，不平等生活机会的持续存在意味着，到目前为止，现代福利国家在促进机会平等方面相当失败。其次，若不能将儿童的最大生产力开发出来，不仅会影响他们个人的未来，也会将社会的未来置于危险之中。如果我们想获得更多经济上的财富，就必须认真对机会结构进行调整。

和许多人一样，笔者会在未来几十年内退休。笔者退休生活的质量将取决于一小群人的生产力。这将笔者带到第五章，这章的标题“老龄化与公平”可以作为笔者不成功的政治运动的一个合适的口号。不像大多数讨论中人们所断言的那样，笔者认为，老龄化面临的真正挑战并不在于可能带来代际冲突；主要的挑战在于如何掀起一场改革，以处理更重要的、泛滥的代内不平等。正如笔者将在第四章中坚持认为的那样，这种不平等同样是童年不平等的自然结果。因此，笔者认为，似乎应该将口号改成“所有好的改革应从娃娃开始”。

二、多重均衡的社会：一个理论框架

笔者于前文中断言，女性角色的转变和人口行为的持续变化产生了社会不平等。这个断言太模糊了。如果断言现代社会是由多重均衡组成的，（改革）可能会更有成效。在经济学中，“均衡”指的是某种情形，在这种情形中，经济行为的基础是一种常识，即各经济主体对彼此的行为很确定。社会学家则认为“均衡”是一种广泛存在的，可能很霸权的、规范的秩序，这个秩序引导个体的偏好、行为和对他人的期待。可以肯定的是，不合作和异常行为在稳定的均衡中也可能存在。均衡状况可以进行自我生产，以至于规则破坏者无法成功地建立起一个替代性的规范方案，即使越来越多的人被这个方案所吸引。换句话说，辨认稳定的均衡，可以从其引力入手。梅迪安（Median，2005）使用“吸引盆”（basin of attraction）这一概念来描述相同的逻辑。

当社会由几个实力相当的“吸引盆”组成时，多重均衡就出现了。在这种状况下，民众被不同方向的力量牵引着，他们偏好和赞成的行为规范、准则彼此竞争。在女性的角色和家庭行为方面，多重均衡的存在并不难被确定。第二次世界大战后，出现了一种可以被称为“贝克尔均衡”（Becker equilibrium）的现象，即性别和家庭行为模式的趋向——这正是被加里·贝克尔（Gary Becker，1981）滔滔不绝地论证过的。这种均衡的基本法则可以从20世纪60年代的任何一本社会学教科书中找到：核心家庭，丈夫负责养家糊口，妻子负责持家；早婚早育伴随着高生育率、稳定的夫妻关系和低离婚率，单身率低，无孩率低。这是《奥齐和哈莉叶特》（*Ozzse and Harriet*）——当时最受欢迎的美国电视节目之一——所描述的世界。

20世纪的后几十年出现了一种竞争的均衡，它由一套绝对相反的规范和行为准则组成。最重要的是，人们可以依据以下标准辨别它：女性要求拥有人力资本和经济自主权，并有机会终身从事有薪酬的工作。与此相随的，家庭生活被重新定义。由此，我们可以说，可能存在一个新的“性别平等的均衡”。笔者在本书中会对其进行更详细的探讨，我们必须对有关的准则慎之又慎。新的规范世界并不是对母亲身份的摒弃；生育两个孩子仍然是大众基本的生育偏好——虽然这并不一定落实到行动上。事实上，正如笔者所提出的，期望生育率和现实生育率之间存在巨大差距是现代社会中第三种以及不稳定的均衡的基本特征。无论如何，“性别平等的均衡”在民众兼顾家庭和经济独立方面代表着不一样的逻辑。若要有一个可行的、正和（positive-sum）的方案调和家庭和经济独立两个方面（的矛盾），就需要重塑福利国家，并有不同的“性别实作”（doing gender）的方式，如夫妇俩是双职工，以及夫妻双方的角色不那么性别专门化等。

如同大多数女权主义者所哀叹的那样，“性别平等的均衡”根本不占主导地位，更别说支配性地位了。事实上，“性别平等的均衡”正处于建构的过程中。如果我们以态度为导向，第一章所呈现的资料表明，贝克尔均衡可能仍然描绘了大约三分之一美国人或南欧人的生活，但几乎只有不到十分之一的北欧人才能拥有这样的生活。这并不是说70%的美国人或90%的瑞典人就完全“拥抱了”性别平等的均衡。所有能获得的资料显示，绝大多数的现代民众发现他们自己仍处在第三种以及不稳定的均衡中。

不稳定的均衡——如其名字所显示的——缺少强大的吸引力。它在引导人们的信条和选择方面处于一种基本的不确定状态，在“什么是最好的”标准上缺少一种共同的认识。它类似于路程之中途，抑或一个“缺少吸引能力”的“吸引盆”。因此，一个不稳定的均衡可能和次优的结果联系在一起；愿望和结果之间匹配不良。本书的标题“未竟之业”强调了这样一个双重事实：第一，我们正从一个均衡转向另一个均衡，因此正置身于一个不稳定的均衡中；第二，这个不稳定的均衡产生了次优结果。后一个事实在许多方面都显而易见。超低的生育水平大概是不稳定的均衡中最明显的征兆，费雷尔等人（Feyrer et al., 2008）也提到了这个论点。但在接下来的章节中笔者将提出，正在涌现的性别平等的均衡还不成熟，因而产生了更大的收入不平等，这主要是因为双职工家庭的规范局限于社会金字塔的顶层，而且不同家庭在亲职（教育）和对孩子的投资方面两极分化得更严重了。

许多女权主义的文献倾向于认为真正的性别平等会使得婚姻无立锥之地。在这方面，笔者和奥本海默（Oppenheimer, 1997）一样是持怀疑态度的。我们都同意如下说法：新的家庭形式正在出现，正式的婚姻只是在追求伴侣关系中的多种选项之一而已。因为性别平等的均衡还远未到占支配性地位的程度，事实上，它还在建构的过程中，所以我们可能无法测度新的均衡的所有基本原则会是什么样的。很可能我们在现代社会中看到的许多非典型的家庭形式代表了不稳定的均衡，但这不是未来任何规范秩序的表征。事实上，离婚和单亲在工人阶级中越来越频繁地发生，而在性别平等的均衡的先锋人群中则比较少见。这说明上文所述可能属实。

分析的真正挑战不是确认均衡并将其归类，而是解释它们的动态变化并确定其后果。在加里·贝克尔和塔尔科特·帕森斯的著作中，我们发现他们很少或者压根儿没有关注过战后家庭观念的历史变化，甚至更少关注削弱这些家庭观念的力量。他们甚至想当然地认为男性作为养家者的核心家庭这一模式是被广泛接受的。那么，我们该如何将一个多重均衡社会的动态变化理论化？笔者认为，需要有两种推动力：其一，是一种改变一个均衡的核心基础的力量；其二，是使其成为可能的条件。前者可能是内生的，后者则是外化的。

是什么在一开始就导致了贝克尔均衡？男性作为养家者的核心家庭模式变成一种主导模式，主要是因为妻子终身为家庭主妇的现象在工人阶级中也成为一种可能。为什么？主要是因为战后（男性）就业充足，并且巨大的生产力使得薪资稳步上涨，这意味着工人阶级的妇女不需要再从事传统意义上应由女性从事的工作（如纺织和清洁）了。这个逻辑和克鲁格曼（Krugman，1991）关于多重均衡的动态宏观经济理论很相似：一国拥有各种生产要素（即要素禀赋）的生产力变化会使人们对产出产生新的期待，这反过来又变成一个自我实现的预言，加快了工业资本主义的成熟。

相同的逻辑也可以用来解释贝克尔关于均衡的衰落和一个多重均衡状态的产生的理论。随着受教育程度的提高，女性在劳动力市场上的生产力得到提升，因而其终身就业的回报也上涨了。对越来越多的女性来说——作为结果，对男性来说也是如此，女性的经济自由、更少的性别专门化和建立在伴侣关系上的双职工模式成了标准（“大家要做的事”）。但是，实现这个转变需要外在的驱动力。如通常所强调的那样，女性的自主首先是由生育控制技术、婚事预告制度的废除和离婚法的到来而促进的（Goldin，1990）。和克鲁格曼的模式非常类似，生育控制技术和离婚法通过其相关联的外部效应产生了很强的扩散效应，推动社会向一个替代性的均衡前进。随着离婚率的上升，离婚变得更易被社会接纳，同时产生了一个新的、不断扩大的面向离婚者的婚姻市场。但现在我们意识到，这是产生一个性别平等的均衡占主导地位的必要但不充分条件。

核心的问题在于，任何性别平等的均衡的内部并不相容；问题的根源在于，个人偏好集产生了根本性变化。在一个规范真正为众人所严守的世界里，若很少有人质疑占支配性地位的家庭模式，便无人能设想出一个更具吸引力的替代性方案，贝克尔（Becker，1981）的单一的家庭实用功能说不定是可信的。但女性角色的变化不可避免地会破坏这一点。首先，女性对自主的要求意味着夫妻双方更可能会追求不同的——有时可能是相矛盾的——偏好。如果女性想要将自己的生产潜能最大化，那么她们对那些会成为“拦路虎”的事情（如做家务）的投入势必会降到最低。其次，现有的数据表明，女性对为人母的渴望还没有明显降低，这势必使女性面临一个严重的问题，即如何调和养育孩子与追求事业之间的矛盾。

也就是说，我们需要明确指出那些能使性别平等的均衡获得支配性规范地位的前提条件。第一，伙伴关系需要建立在一个替代性的规范原则的基础上，这意味着最重要的事是建立新的性别专门化规则。笔者将在本书接下来的章节中详细说明家庭生产领域的性别专门化正在形成。但正如许多人已经强调过的那样，其形成的速度相当缓慢，并且十分有利于受过高等教育的人。此时，我们非常清楚地看到了一个有关家庭实践的不稳定均衡现象，但其绝大部分是未确定的。如果性别专门化只是继续受夫妻相对的市场生产力的驱使，那么我们可以将其看作遵守了旧的贝克尔均衡。但数据表明，夫妻生产力不是一个好的解释。因此，不少社会学家只是简单地下了这样一个定论：夫妻之间仍在进行“性别实作”。

什么会引起这方面的断裂呢？如果断裂意味着男性会默许平等的性别劳动分工，那么有关驱动力的答案就是以下两个中的任意一个了：其一，随着女性在婚姻中累积了更多的讨价还价的权力，她们可能会迫使其丈夫接受更多的平等；其二，和过去相比，对伴侣的选择以不同的逻辑为前提。笔者将会进一步描述高学历夫妻的婚姻行为似乎越来越建立在共享偏好的基础上。因此，珠联璧合的同型婚配呈上升趋势。

女性革命成功的第二个主要前提条件是福利国家的适应性改变。笔者的核心假设是：内在的驱动力是不足的；性别平等的均衡的成熟要有一个外力的介入，它可以将我们从目前的不稳定均衡和与此相关的次优状态中带离。如果我们逐渐接受某个规范性标准，依照这个标准，男女在职业上有相似的自我实现渴望，在亲职身份上也都有跨越性别鸿沟的类似渴求，那么家庭内部对生产进行的再分配便不足以调和夫妻偏好的矛盾。最近关于生育率的研究提出，要回到高出生率的状态，就要构建一个更加性别平等的福利国家（McDonald，2002）。这个洞见是可以推广的。本书最主要的论点就是，如果我们想形成一个稳定的占支配地位的均衡状态，对福利国家进行适应性调整就是必要的。耐心的读者会发现，笔者在本书中呈现的证据都强调我们需要快速逃离不稳定均衡的“魔掌”，在现代社会中，这种不稳定的均衡控制了我们为人伴侣、为人父母和身为劳动者的行为。笔者充分意识到自己侵入了一个久被女权主义学者占领的社会学领地。笔者之所以这么做，是因为认为他们（女权主义学者）代表女性权益所做的论证通常是建立在其固有的意识形态的基础上的，但其实他们不必如此。采用理性行动视角的目的在于获得较优的帕累托结果，从这样一个视角出发，也能得出基本相同的教训和结论。

第一部分　挑　战

第一章　家庭与女性角色的革命

仅仅几十年以前，人们对女性的期待还是一旦结婚就全力在家相夫教子；从一辈子忙于家事到终身就业的转变是一个非常迅速、无所不包、颇具革命性的变迁（Fuchs，1988；Goldin，2006；Esping-Anderson，2007）。我们真的目睹了一场革命吗？如果是的话，其深度如何，后果如何？

革命，就其字面意义上来说意味着转变。因此，当我们说“革命不是请客吃饭”时，从概念上讲，这无疑是正确的。大概多数人会同意的一个对革命的基本定义就是：它是社会在短期内的根本性的变化。如果对女性就业的长期趋势进行考察的话，有人可能会将女性角色的变化解释成一个长期的、逐渐展开的过程；要不然，会视为一个突然的“大爆炸”（big bang）。女性现在可能确实是在工作，但这并不能说明社会以最根本的方式改变了。因此，我们需要到别处去寻找说明社会改变的真正相关的证据，即考察民众是否在以与过去不同的方式处理他们的生活。

如何查明这些呢？笔者建议，我们可以考察人们的行为方式和做决定的方式在何种程度上被一种全新的逻辑支配，即游戏规则在何种程度上被改变了。将这些运用到我们关心的问题上，就可以分析现代女性和男性关于结婚、亲职或工作的决定是否和我们的先辈全然不同（Goldin，2006）。需要强调的是，男性的选择也是考察的核心，这是出于两个原因：第一，许多女权主义作品在研究这个问题时要么完全忽略男性，要么简单地认为他们拥有牢固的父权地位；第二，真正的革命必定产生辩证法。

要查验革命的成熟程度及其涵盖面是否广泛，我们需要弄清楚它在男性群体和女性群体中会在多大程度上传播开来，以及在多深程度上渗透到相关领域。为了达到这个目的，我们需要能体现长时段趋势的数据。

大部分的讨论强调了女性经济自主的重要性。他们的研究通常从教育获得、有偿就业和收入趋势入手，或者以此结束，但这些方法提供的知识非常有限。在笔者看来，严峻的考验在于激烈的变迁（革命）是否在人类生活的所有至关重要的方面都发生了。因此，笔者也将考察伙伴关系、婚姻和家庭构成等方面。此外，最重要的是，我们需要知道，是否如霍奇尔德（Hochchild，1989）所指出的那样——革命在家庭范围内停顿了。因此，在本章的第三部分，笔者将注意力放在了夫妻照料孩子和家务方面的分工上。

一、女性生命历程的男性化

女性的受教育程度和就业状况被广泛运用于描述女性角色的变迁。大部分研究提供了最近几十年女性角色变化趋势的信息——对此，我们确实有可靠的数据。自第二次世界大战结束，工人阶级女性的就业率有了显著的下降，因此，如奥本海默（1997）警告过的那样，我们应该谨慎地选择我们的历史基准。如果第二次世界大战后几十年里的婚姻行为、生育或家务状况是个例外，那我们据此所发现的趋势可能是被误导的。因此，笔者选择了更长时段的数据。表 1.1 使用了美国 1900—2000 年的数据。和北欧国家一样，美国也可以被看作塑造女性新角色的先驱。有人可能认为，这些数据反映的是一个有关性别趋同的、长期的、逐渐变化的趋势，但 20 世纪最后几十年内就业率和教育获得的突然提升表明，这明显存在一个特定时期的转变。变化主要集中在战后“婴儿潮”一代。

表 1.1　一个世纪的性别趋同：美国

年　份	大学里的男女比例	已婚（未育）女性的就业率/%	有孩（0~6 岁）女性的就业率/%
1900	4.2	6	n. a.
1920	1.9	9	n. a.
1940	1.4	14	11*
1960	1.9	32	19
1980	1.5	50	45
2000	1.1	73	63

来源：US Census，Historical Statistics. Washington DC：Bureau of the Census（1970）；Statistical Abstracts of the United States（2006）。

＊1948。

教育获得可以被解释成对人力资本禀赋的衡量，即对职业前景和收入潜力的测量。在美国，在战后年代，男性和女性的高中毕业率已无差异，因此无论如何，这已不是一个测量新的知识经济中个人职业潜力的好尺度了。和戈尔丁（1990）一样，笔者着重考察大学里的男女比例。我们看到，在20世纪初期，男女平等出现了第一次大的飞跃。那时，上层阶级的女孩们开始接受高等教育。但在这第一次飞跃之后，进入了漫长的平稳期。第二次大的飞跃发生在最近一二十年，但第二次飞跃并不能完全归功于女性进军学术界；造成这一局面的很重要的原因在于男性取得大学学历的比例的降低（Goldin and Katz，2008）。

如果我们只考察总体的女性就业水平，就很有可能会犯错。这是因为未婚女性的就业率总是很高，但该数值在她们结婚和生育后急剧下降。① 因此，将注意力放在已婚（未育）女性和有幼小孩子的女性身上似乎更合适。有关这两个人群的数据可以帮助我们对“平等化”进行测量（Blossfeld and Hakim，1997）。正如我们从表1.1中所看到的那样，已婚（未育）女性的就业率保持着缓慢但稳健的增长，该趋势一直持续到20世纪60年代。然后，在20世纪后半叶，该数据有了一个很大的提升。1948年以前，有孩（0~6岁）女性的就业率数据是缺失的。但无论如何，我们可以看到，有孩（0~6岁）女性的就业率的增长肯定不是渐进式的。

即使有一些明显的偏差，美国的模式基本上也是具有一定的代表性的，是足以代表其他地方的。目前在欧洲的大多数地方，女性的教育获得超过了男性。至于在就业方面，斯堪的纳维亚国家的变迁要早一些——在20世纪60年代——相比起来也更快、更全面。在瑞典，有幼小孩子的女性的就业率在20世纪60年代早期就达到了38%，在接下来的十年达到54%，到20世纪80年代更是飙升至82%，并维持至今（Hoem，1995）。但在英国，过去一个世纪在同样方面的变化则是更为渐进式的。而且，已婚女性的就业率在最高时也才60%，这说明女性角色的转变仍然相当不

① 20世纪的大多数时期，美国单身女性的就业率在40%~45%徘徊，且在20世纪后期上升到60%~65%［US Census，Historical Statistics，Series D49－62. Washington DC：US Census（1970）］。

均衡。

这些数据夸大了革命的影响力，因为直到20世纪90年代，女性就业率增长的很大一部分原因是她们从事的是非全职工作。但在过去几十年里，这一情形已发生改变，因为全职的、终身的（女性）就业开始占据主要地位。但非全职工作的普遍存在，确实为所有国家评判自己在革命大道上的具体进步提供了一个很好的指标。在英国、德国和荷兰，从事非全职工作在有孩子的女性中非常普遍。在北欧国家，家庭主妇从根本上消失了；而非全职的工作，尤其是在丹麦，现在主要被作为从产假到以全职重返职场之间的短暂过渡（Blossfeld and Hakim，1997；Boeri et al.，2005）。从经济方面来讲，北欧女性的生命历程确实变得男性化了。①

但从事非全职工作的女性的比例在南欧却没有成为评判革命趋势的一个标准，因为劳动力市场的规则将其边缘化了。更广泛地说，在欧洲大陆尤其是在南欧，其革命趋势被延迟了。在意大利和西班牙，有孩子的女性的就业率在最近才刚刚超过50%。这种落后的状态主要是由缺少非全职就业机会造成的。但无论如何，这些后来者正快速追上来（Boeri et al.，2005）。事实上，西班牙的女性就业率已从1995年的30%上升到2007年的53%。当我们将注意力集中在年轻女性身上时，这种快速变化更加明显：年轻女性的就业率正快速接近70%。所有证据都表明，新的女性群体现在全心接受了终身就业——即使她们缺少非全职就业的机会，或身处一个工作—母职的矛盾不好调节的环境中（Esping-Andersen，2007）。举例来说，42%的西班牙女性认为“工作是人生中最重要的事情”，三分之二的女性“不会因为有了孩子就放弃工作”（Cordon and Sgritta，2000）。德国和荷兰也快速追上来了。但在这两个国家，与全职就业相比，非全职就业仍旧占据主导地位，这种女性就业形式说明德国和荷兰的女性仍不太愿意踏上一条彻底的革命之路。

无论如何，真正的行为逻辑的改变是女性获得新的经济地位的试金石。在传统社会中，女性是在一个经济从属于男性且面对较大社会约束的

① 在丹麦，将自己定义为“家庭主妇”的女性的比例从1974年的43%下降到1991年的3%；在瑞典，这一比例从26%下降到5%（Christoffersen，1993；Korpi and Stern，2008）。

环境下进行生命历程中的诸多选择的。正如许多学者已经指出的那样，女性对更多自主和平等的要求促成了她们角色的变化（Fuchs，1988；Sorensen and McLanahan，1987；Goldin，1990；Hakim，1996）。从定义上讲，女性就业强度的增加（表现为工作小时数的增加以及终身就业）会促进其经济自主。在传统社会中，妻子的收入对家庭总收入来讲是不重要的。举例来说，1960 年，在 61%的美国家庭中，妻子的收入贡献是零。而现在，双职工模式则被普遍接受。在斯堪的纳维亚国家，妻子的收入现在平均占家庭总收入的 40%~45%。美国和其他国家的女性就业率偏低，尤其是在受教育程度较低的女性群体中（其就业率更是偏低），这解释了为什么美国家庭中妻子的收入贡献率普遍偏低（32%）；而在其他国家则更低一些（如德国、荷兰和意大利），只有 25%左右①。

一个测量革命的极佳指标要能揭示女性如何做出就业决定。在传统社会中，即使已婚女性选择就业，她们也只是位列第二的挣钱人。她们就业是为了贴补丈夫的收入，或者如哈利姆（Harim，1996）提出的，是为了挣“零花钱”。这说明已婚女性就业与否主要是由其配偶的收入决定的。最近，美国的研究表明，这种逻辑正迅速式微。女性参与就业，至少是在受教育程度较高的女性中，几乎无一例外的是基于女性自己的喜好和对就业机会的认知。但受教育程度较低的女性仍然倾向于认为自己是次级劳动者（Pencavel，1998a；Blau et al.，2006；Blau and Kahn，2007；Lundberg and Pollak，2007）。最近的一项研究强调了这种变化的突然性，指出这种认为自己是次级劳动者的观念的衰落高度集中在年轻女性中（Kim and Rodriguez-Pueblita，2005）。

生育在女性的工作—生活选择中是一个关键问题，因为就业中断会产生一些机会成本。证据再次表明，现在和过去的情形截然不同。总的来说，女性（尤其是受过高等教育的女性）休的产假更少，也更短。德克斯等人（Dex et al.，2008）在研究中考察了英国不同群体的女性在生产头胎时产生的工作间隔时间，这一研究很好地证明了上述情形。他们发现，

---

① 该比例是笔者依据欧洲共同体住户调查小组（European Community Household Panel）（上一次波动）和 US PSID 的数据推算而来的。

在第二次世界大战前出生的女性，其一般在生产头胎后中断 10~12 年再重返职场；那些在 20 世纪 40 年代出生的女性则间断 6 年以下；在 20 世纪 40 年代之后出生的女性，其中断的时间则急剧下降到大约 1 年。但是，受教育程度造成的差距非常明显。高学历的女性如今会非常快地重返职场，而中低学历的女性则离开职场 4 年左右（才能重返职场）。英国的例子肯定不能代表整个世界的情形。一方面，在一些国家（最明显的是德国），对大多数女性来说，因生育造成的职业中断仍维持在非常低的水平（Waldfogel et al.，1999）。但我们必须补充的是，德国的职业女性有着异乎寻常的高无孩率。北欧国家，尤其是丹麦，则代表了另外一种模式，即休完产假后立即重返职场。事实上，正如瓦尔德弗格尔等人（Waldfogel et al.）所说，如果为已育女性提供足够的产假机会，她们更可能重拾事业。在南欧，已育女性的产假很少且时间很短；我们发现，这里存在另外一种本质上呈双模态的模式：女性要么很快返回职场，要么干脆从此离开职场。

二、一种家庭构成的新逻辑？

女性经济生活的男性化会对其在成家和母职方面的决定产生重大影响。在关于家庭的新古典理论中，婚姻是家庭生产和市场生产中分工的工具（Becker，1981）。性别间的人力资本不断趋同表明婚姻带来的收益下降了。随着夫妻双方的市场生产力变得越来越相似，家庭生产中的性别分工则变得越来越没有必要了。很多文献将下降的结婚率、日渐增加的家庭不稳定情形、“非典型”家庭的出现以及低生育率与女性的新角色联系在了一起。

从统计上讲，这种联系是很明显的。婚姻行为的变化似乎与女性经济独立的趋势相一致（Cherlin，1992；Fuchs，1988；Mclanahan and Casper，1995）。但如果我们更仔细地审视这些趋势，会发现女性独立和结婚/离婚之间的直接关联似乎并没有那么明显。特别热衷于事业的女性的结婚率确实是下降的，但这种现象似乎更集中在受教育程度较低的女性中。离婚的女性和单亲母亲中也存在相同的趋势。换句话说，与传统的婚姻模式脱离得最彻底的女性似乎是那些就业状态改变最少的人。

一般来讲，过去结婚后即生育的习惯被一些为人们所广泛接受的新的人生路径（包括婚前同居和非婚生育等）取代了（Rindfuss，1991）。婚前同居的普遍存在似乎肯定了婚姻失去了吸引力的说法。在斯堪的纳维亚国家和法国，婚前同居是很普遍的做法，且已被三分之一的家庭采用。它也快速在其他发达国家中被人们接受。而且，婚前同居正日益变成一种稳定的、长期的状态。民意调查的结果显示，绝大多数的居民认为婚前同居基本等同于组建家庭（Kiernan，2004；Ghysels，2004）。结婚和有孩子不再是事实上的“同义词”。但我们应该避免将该现象泛化，因为“婚前同居”的含义在不同国家显然是不同的。在一些国家，婚前同居更像是婚姻的前奏，或者（等同于）“试婚”；而在另一些国家，最明显的是在斯堪的纳维亚国家，婚前同居和事实婚姻是一样的。在生育行为上，这些差别就更清楚地显现出来了。在丹麦和瑞典，大约一半的孩子是由婚前同居的伴侣生的；而在欧洲其他国家，绝大多数的孩子还是于婚内生的（Kiernan，2004）。

非婚生孩子的数量骤然增加。在北欧和北美，20 世纪 70 年代，出生的所有孩子中大约有十分之一是非婚生的。在斯堪的纳维亚国家，现在大约一半的孩子是未婚同居的伴侣生的。起初，非婚生育率很低，但如今，基本上所有国家的非婚生育率已增长至原来的两倍（Kiernan，2004）。这些统计数据可能有些失真，因为它们将未婚伴侣所生的孩子和非伴侣关系的男女所生的孩子混在一起了。而且在一些国家，尤其是在英国和美国，十几岁的少女妈妈生的孩子占了总数的很大比例——即使现在这个比例降低了。即便如此，这些统计数据仍然很好地反映出女性做决定的逻辑发生了变化。好几个研究都强调，对美国的年轻母亲，尤其是黑人母亲和受教育程度较低的母亲来说，其独自抚养孩子是因为她们想自己决定自己和孩子的生活（Ellwood and Jencks，2004）。

离婚的普遍发生也通常被当作家庭瓦解的证据。20 世纪 60 年代，北欧国家的离婚率骤然上升；在其他发达国家，这个情形晚了 10～20 年。当然，离婚率上升的时间点取决于立法自由化的程度。在一组国家（包括北欧国家和美国）中，大约一半的婚姻以离婚收尾。在其他地方，除了地中海国家，离婚率基本在35%~40%徘徊。在信奉天主教的南欧国家，自20世纪80年代开始，其离婚率从几乎为零到现在经历了一倍的增长（Council of Europe，2001）。斯蒂文森和伍尔福尔斯（Stevenson and Wolfers，2006）强调了数据飙升背后的代际变化：1980年后结婚的美国人，其离婚率是20世纪50年代结婚的人的两倍之多。

但正如奥本海默（1997）所警告的，婚姻不稳定和婚前同居并不意味着婚姻就过时了。终身未婚的女性的比例是上升了，但该趋势并没有特别引人注目。而且，大部分婚前同居的伴侣最终选择了结婚。奥本海默的警告其实是想说明，仅仅同战后几十年间的情况做比较，会歪曲我们对家庭生活在更长时段内的变化的理解。问题在于，从人口学上讲，战后时代是一个短暂的、独特的历史间歇。

事实上，我们看到，今天的家庭和一个世纪以前的家庭之间有着惊人的相似之处。在19世纪晚期，人们的平均结婚年龄较大，单亲母亲、终身未婚和终身无孩的女性的比例很高，这和现在的状况很像。从家庭构成上来说，第二次世界大战后的几十年和其他任何历史时代相比都是非典型的：人们突然开始决定结婚，开始生育的年龄更小，并生育更多孩子。终身未婚女性的比例在1960年降到14%，是历史最低水平；伴侣关系异乎寻常地稳定（Oppenheimer，1997：433）。事实上，当男性养家成为为整个社会所普遍接受的做法时，现实情况也往往如此。

很重要的是，我们需要承认这些跨世纪的相似性掩盖了这样一个事实：在不同世纪，造成该现象的原因是不同的。在古老的过去，很大一部分女性的工作是当别人的家仆和保姆，因此她们是不被允许结婚和生育的。她们完全缺乏经济独立性。类似地，19世纪的单亲母亲通常是因为丈夫去世或失踪造成的。而今天，（成为单亲母亲的）典型原因则是离婚或女性故意选择婚外生育。变化的不是人们对婚姻和孩子的渴望，而是做决定的方式。

人口学家所称的“延迟综合征”很好地描绘了家庭构成的新变化。过去几十年，平均初婚年龄和初为人母的年龄大幅度上升，因此与19世纪的情形惊人地相似。“延迟”在一定程度上反映了新的约束因素的出现，比如受教育时间延长、年轻人失业率上升或者难以进入住房市场等。在某种程度上，它也反映了新的决策方式的出现。生育就是一个很好的例子。人们可能倾向于得出这样的结论：生育率的急速下降意味着女性为人母的欲望降低了。但这是错的，因为几乎所有的证据都表明，发达国家的女性仍旧倾向于养育两个孩子（Kohler et al.，2002；Esping-Andersen，2002；Sleebos，2003）。就像婚姻的例子一样，人们对孩子的渴望也一直没变，变化的是准父母做决定的方式。

经典的生育理论假设女性在经济上是不独立的，因此认为男性的收入水平是影响夫妻是否以及何时选择生育的主要因素（Hotz et al.，1997）。最近，很多研究则下结论说丈夫的收入和妻子的母职没什么关系。生育时间和生育几个小孩这种决定主要和女性自己的特点有关，比如职业发展、收入、工作特点等，以及与国家是否推出了家庭友好的福利政策有关（McDonald，2002；Brodmann et al.，2007；Sleebos，2003；Stier et al.，2001）。工作不稳定、失业以及工作与家庭难以平衡是解释目前大多数发达国家生育率低的主要原因（Kohler et al.，2002）。妻子是否有能力劝说丈夫更多地投入家务和孩子照料也正面影响了生育率，对职业女性来说尤其如此（Brodmann et al.，2007；Delaat and Sevilla Sanz，2006）。因此，男性如果想成为父亲的话，最好也加入这场革命。

所有这些都支持麦克唐纳（McDonald，2000，2002）的理论，即性别不平等的存在可能是对低生育率的一个最好解释。如果接受了以上理论，那么，生育率水平和一个社会的性别平等程度呈正相关。事实上，所有可得到的证据都支持这样的解释。如今，生育水平和女性的就业率呈正相关关系，而在三十年前，这两者之间呈很强的负相关关系（Ahn and Mira，2002）。如今，教育因素对生育率的影响也有相同的趋势。过去，女性的教育获得和生育率之间呈负相关关系，而现在，在北欧国家，则呈正相关关系（Esping-Andersen，2002；Kravdal and Rindfuss，2008）。

关于是否结婚以及和谁结婚的决定也很明显地发生变化了。如上文所述，女性面临一个毫无吸引力的婚姻市场时可能选择逃避婚姻——但不完全逃避生孩子。至少在美国，低技能男性的经济状况日益恶化，年轻的黑人男性和受教育程度较低的男性的犯罪率和监禁率很高，这意味着可以作为结婚对象的男性愈加减少（Wood，1995）。同时，我们也看到，门当户对的婚姻显著增加，更多人选择教育、偏好和品味相同的人做伴侣。这在高学历人群中尤其显著（Blossfeld and Timm，2003；Schwartz and Mare，2005）。

如果人力资本方面的相似性引导着人们选择何人做伴侣，其结果就是在婚姻中获得的不是性别专门化，而是其对立面。已有的研究证实了一些同型婚配背后的替代性逻辑。第一种解释认为同型婚配会带来共同收入的最大化，从而使得消费潜力也最大化；第二种解释看重同型婚配能收获的社会资本红利，这些社会资本红利不仅包括夫妻双方从对方那里直接收获的，还包括从双方父母和社会交往圈中间接获得的；第三种解释则认为共享相似的价值观和偏好是很重要的（Bernardi，1999；Blossfeld and Timm，2003；Oppenheimer，1997；Schwartz and Mare，2005）。

经济学（Becker，1981）和社会学（Parsons and Bales，1955）中关于家庭的经典理论都假设战后"家庭主妇主内和男性养家"的模式预示着长期的现代化过程的成熟。当然，事实并非如此。实际上，如果我们真的要抓紧弄清女性革命的性质问题，我们首先需要弄清楚的是关于家庭主妇的权利。

直到第二次世界大战，全职家庭主妇的角色在很大程度上都是一种奢侈，只有享有更多特权的社会阶层才负担得起——他们可以雇用保姆和家仆。战后几十年，好几个因素碰到一起，使得工人阶级家庭也能效仿这个模式——尽管他们无力雇用保姆和家仆（Esping-Andersen，1999）。首先，男性工人的薪水突然稳步增加——随后失业的风险降低。正如戈尔丁（1990）所指出的那样，战前女性就业的增加主要集中在工人阶级女性中。和传统的行为一致，20 世纪 30 年代，更多的女性涌入劳动力市场，弥补了其丈夫挣钱能力降低的不足；但一旦有机会，工人阶级的女性毫无疑问地更愿意做家庭主妇，因为她们此前主要从事收入很低的工作，如清洁、纺织和制衣。历史还是蛮讽刺的：就在工人阶级的女性很高兴地留在家里做家务时，中上阶层的女性开启了她们的职业生涯。这些受过相对较高教育的女性是我们现在所称的女性角色革命的先驱，但革命的势头取决于它在多大程度上渗透到受教育程度较低的人群中；后面笔者将进一步讨论这个问题。

三、性别分工和家庭生产

工作经历和家庭选择方面的数据可能支持革命性变迁的概念。但如霍奇尔德（1989）所说，若我们将注意力只放在家庭范围内，这种革命性则会大打折扣。首先，我们应该承认，霍奇尔德所采用的证据是基于20世纪80年代的状况而得出的；我们已经看到，真正的革命势头正是从这一时期开始的。同时，从大量的关于时间使用的研究中我们可以发现，家务劳动的再分配在过去二十多年间已经出现。女性做的家务劳动逐步减少，男性对家务劳动的贡献以一个公认的、缓慢的速度增加（Bianchi et al.，2000，2006）。

格鲁诺等人（Grunow et al.，2008）提供了一些证据支持霍奇尔德的假设，他们的研究是一个少见的纵贯研究，这个纵贯研究追踪了研究对象好几年的情况。他们的主要发现是，夫妻双方通常在结婚和生孩子之前都颇为平等，一旦第一个孩子出生，就回到传统的性别分工轨道上去了。一旦确定，新的、更不平等的制度就不变了。换句话说，他们的发现和占主导地位的女权主义者的观点是一致的，即在家庭范围内，不管外界社会的角色模式发生多大的变化，传统的性别规范对变化一直极为抵触。不幸的是，我们对他们的结论在多大程度上可以推而广之仍不得而知。他们的研究发现是建立在很少数量的研究对象和相当粗糙的对时间使用的测量上的。此外，他们的研究是在一个德国城市做的，但我们知道，在很多方面，德国在很大程度上比其他国家更坚守传统的性别行为。

退后一步看，我们首先需要确定一个基本的问题：在家庭生产和市场生产中，哪些因素是形成夫妻分工的关键？现在的争论，本质上是和加里·贝克尔（1981）的新古典家庭理论的辩论。

在加里·贝克尔的作品中，男性养家的家庭模式是追求家庭福利最有效的安排。婚姻本身是被这方面的利害关系所激发的。贝克尔（1981）的分工理论假设，夫妻将完全理性地决定谁来挣钱、谁照顾家庭。“理性”意味着不考虑社会规范的压力、感情或意识形态。如果他们的目标是将共同福利最大化，夫妻双方将在他们各自生产力的基础上做决定。该理论假设存在一个单一的实用功能。这预示着夫妻之间有着完美的共享偏好，或者说，家庭的决定是由一个善良的、利他的独裁者代表整个家庭的福利做出的。

战后几十年内，这个视角看似不会引起争论，因为男性一般是受教育程度更高且会带来更多收入的那一方，于是妻子留在家中做家务似乎变得自然而然了。但我们应该记得的是，传统的家庭生产远比现在更需要密集的劳动，因为那时的家庭有许多小孩需要照料。性别间的分工，至少在理论上，应该随着性别间生产力的趋同而减少。随着女性的教育获得、收入和工作—生活的协调与男性日渐相似，性别间的劳动分工的基础应该变得越来越薄弱。这和贝克尔的理论完全一致。而且，（制造）家用工具的技术的显著进步以及生育率的降低使得家庭生产的重担极大地降低了。比如，手洗一堆衣服大概需要四个小时，而用洗衣机洗的话，只需要四十分钟（Ramey，2006）。

贝克尔（1981）的理论因其隐含的假设和疏忽而受到批评。其关于家庭内单一实用功能的假设广受质疑，尤其是在女性自主性提高、议价权力增加的情况下。那些熟悉婚姻现实的人当然不可能认为他的理论如实地描述了他们的生活。事实上，离婚变得如此普遍，说明根本的分歧是内在于现代的婚姻的。同时，身为母亲的女性将精力倾注于工作的事实会使得由两性分工引起的矛盾很难调和，在这种情形下，家务（尤其是那些令人讨厌的、劳动密集的家务）劳动负担引起冲突会变成家常便饭。许多人也批评贝克尔的模型，认为他的模型忽视了婚姻行为中规范的作用，更不用说爱情的影响了。因为这个理论（模型）是用理性选择的框架搭建的，它假设性别分工的决定主要基于对伴侣彼此的生产力的评估（而做出）。但实证研究对“配偶仅仅在效率最大化的基础上进行分工”的论断有赞成也有反对。不过，这并不意味着批评者的行为是非理性的，只是他们可能遵循其他的理性计算原则。

无论是从实证角度还是从理论角度看，很多研究开始对性别分工进行一些替代性的解释，要么强调议价权力和可用时间的重要性，要么强调传统性别规范的持久影响力。一些研究强调了制度环境的重要性，尤其是不少福利国家已将其作为家庭生产中实现性别平等的工具（Fuwa，2004；Geist，2005）。①

议价权力的视角主要和经济学相关，但也在社会学研究中占有一席之地。在经济学中，这个视角承认夫妻双方各有不同的偏好，通过含蓄地挑起一个对关系造成威胁的点来使得双方的偏好达到最大化。我们可以认为，这是一个有关退场、声音或者忠诚的场景（Gershuny et al.，2005）。"忠诚"最接近前文所说的单一实用功能的框架：无人质疑任何既有安排背后的智慧。"声音"代表着分歧，因此需要对不同的偏好进行讨价还价。挑起一个人的威胁点引起了"退场"：如果伴侣不愿意让步，双方的协商将会停滞，最后可能造成分手。

夫妻双方中若有一方挑起了一个可能的威胁点，另一方就必须调动外界资源（来应对），即不依靠夫妻关系产生的资源（来应对）（Chiappori，1988）。原因是，如果"谈判者"无法为他/她自己争取到足够高的离婚后的生活保障，那么离婚这一威胁便是没有说服力的。注意，这里的威胁点并不一定只是金钱方面的。隆德伯格（Lundberg，2005）认为，儿子会为母亲增加更多的议价权力，因为父亲对男孩有偏好；不少证据支持这个结论。隆德伯格和鲁斯（Lundberg and Rose，2003）的研究表明，当夫妻二人至少有一个男孩时，会降低离婚的风险。为了描绘家庭做决定的过程，经济学家使用了合作议价和非合作议价两种模型。但大多数人还是采用了合作议价模型，即假设夫妻双方倾向于达到一个双赢结局（Browning et al.，1994；Chiappori，1988，1992；Pollak，2005）。

社会学研究则不那么正式地致力于在一个更广泛的意义上探讨资源的相对调动，它强调夫妻双方中妻子的受教育程度、收入和她们在经济上依赖于其配偶的程度等因素的重要性（Brines，1994；England and Budig，

① 谢尔顿和约翰（Shelton & John，1996）对这些不同的视角进行了评价和讨论。

1998；Bianchi et al.，2000；Evertsson and Nermo，2004）。这方面的实证研究通常表明：夫妻双方各自拥有的资源越平等，在家务分工上就越平等（Bianchi et al.，2000）。但资料也显示，当丈夫的收入或就业状况明显比妻子差的时候，他们更可能回到传统的性别分工的轨道上（Bittman et al.，2003；Brines 1994；Evertsson and Nermo，2004；Breen and Cooke，2005）。同样地，古普塔（Gupta，1999）比较了婚前和婚后的人，发现步入婚姻后男性承担的家务劳动减少了，而女性却增加了。许多人因此得出如下结论：传统的性别规范和性别期待继续在夫妻分工方面产生很大的影响。①

许多女权主义的文献提出，社会规范的持续作用使得夫妻重新制定和复制传统的性别角色模式。从理论上来讲，这个论点是对贝克尔（1981）理论的正面攻击——他没有考虑到社会规范的决定性影响；而在实证（意义）上，这个论点试图对家庭中性别平等没有真正取得进展的原因（Berk，1985）以及格谢尼等人（Gershuny et al.，1994）所称的“落后的适应过程”进行解释。

笔者会进一步说明态度调查的结果：传统的性别规范确实仍在发挥作用。上面引用的文献提供了充分的证据证明“性别实作”在现代家庭中是很普遍的。但作为一个一般的理论，“性别实作”可能还是有所不足的。所有的证据都表明，一个真正平等化的进程已经开启，虽然其主要还是集中在高学历的夫妻中（Bianchi et al.，2000；Bonke and Esping-Andersen，2008）。比安驰等人（Bianchi et al.，2000）发现，只有很少的证据可以证实“性别实作”理论的解释性，但确实可以证明男性对家务劳动的贡献增加很少。性别平等化的主要来源是女性在家庭生产中的作用急剧下降。无论如何，女性革命的双重性在家庭内部似乎表现得非常明显。换句话说，我们正在研究一个“玻璃杯”，这个杯子对某些人来说是半空的，而对另一些人来说则是半满的。

---

① 一个颇具说服力的论点是，女性的绝对收入（而不是相对收入）所占的地位更重要。这个基本点在于，对女性相对收入地位的测量无法使我们知晓女性真正的危险点在哪里。

也有一些其他原因导致“性别实作”理论缺少普遍的有效性。那些因丈夫的地位低于妻子而重回传统的性别分工的夫妻，他们背后很可能存在一些我们观察不到的社会选择过程。比如，艾伊刚（Iyigun，2005）认为，（未来）男女如何在婚姻市场中对自己进行排序决定了他们婚后如何分工。事实上，一些证据表明，夫妻间不对称的劳动分工增加了离婚的风险，这是一个明显的“退场”的例子（Cooke，2006）。若是如此，可以预料到，不平等的、“性别实作”的安排可能将变得更加稀少。

最后，有理论强调了传统家务分工中时间约束的重要性（England and Farkas，1986）。和贝克尔相似，这个理论假设，夫妻双方是在对家庭福利进行了最为理性的考量的基础上分配时间的。可用时间可以发挥外在约束的作用，这种作用主要受外出工作的影响；可用时间也可以产生内在约束的效果，这方面的效果是由孩子的个数和年龄决定的。大量的证据表明，女性外出工作会减少她们承担的家务量——而孩子的作用则相反（即增加其要承担的家务量）。我们也知道，在外（即在家庭以外）的时间约束影响女性的家务贡献，但很少影响男性。但正如邦克和埃斯平-安德森（Bonke and Esping-Andersen，2008）的研究所指出的那样，女性外出就业，即使是全职工作，也不会减少她们陪伴孩子的时间。同样的结果也出现在比安驰等人（Bianchi et al.，2000）的研究中。总体而言，可用时间理论的证据相当薄弱。

四、夫妻分工的趋势和变化

因为我们只有20世纪60年代以后的关于时间使用的可靠而详细的资料，因此很难重现关于夫妻分工的历史变化。但我们有一百多年以前的关于时间使用的民族志研究，这些研究通常以“典型的”工人家庭或农民家庭的生活为研究对象（Gershuny，2000；Ramey，2006；Esping-Andersen，1999）。以典型的工人阶级家庭为参照，一项早期的美国研究（1900年左右在印第安纳波利斯所做的研究）发现：妻子每周花费80个小时用于家庭生产，完全没有做外面有薪酬的工作；丈夫每周花费66个小时在外面的工作上，但基本不碰家务。这应该是一个可靠的估计，因为另一个在米兰所做的类似研究也发现夫妻双方在时间使用上有非常相似的模式（Esping-Andersen，1999）。格谢尼和罗奥森（Gershuny and Robinson，1988）以及比安驰等人（2000）都试图重现家庭劳动分工的历史演变。大体上，他们发现：上述模式一直稳定持续到20世纪80年代，从那之后，我们看到，女性负担的家务，尤其是在照料孩子方面，在相对量和绝对量上都有很明显的降低，而男性在这方面的贡献有所增加。比安驰等人的数据表明，在20世纪70年代，男性对家务的贡献只有女性的三分之一，到1995年，他们分担的家务量就超过了50%。但很明显，做饭和清洁仍主要由女性承担，家庭内的革命没有完全中止。拉姆尼（Ramey，2006）提供了一个清晰的家务劳动时间序列比较表（见表1.2），当然，这里的"家务劳动"仅仅是整个家庭生产的一部分。

表1.2　美国一个世纪的夫妻性别分工：每周从事家务劳动的平均小时数

（单位：小时）

年　份	丈　夫	妻　子（家庭主妇）	妻　子（有工作）
1900	3	60	n. a.
1920	3	56	n. a.
1940	5	55	24
1965	11	55	28
1985	15	45	25
2003	16	45	25

来源：拉姆尼（Ramey，2006：Figures 9 and 10）。

这些数据只显示了部分事实，尤其是排除了照料孩子的时间的数据，但照料孩子恰巧是丈夫的贡献度有显著增加的一类家务劳动。自1985年以来，在美国和其他国家，丈夫在孩子照料上所花费的时间已经翻了一番（Bianchi et al.，2006；Hook，2006；Bonke and Esping-Andersen，2008）。当我们的统计也包含照料孩子的时间时，1965年，丈夫从事家务劳动的时间就增加到每周14个小时，1985年增加到每周18个小时，并在2000年增至每周23个小时。如何解释这些数据？

性别对称的缓慢历史进程似乎和"性别实作"理论非常一致。但可以肯定的是，全职家庭主妇在过去一个世纪的时间里几乎没有什么变化。但是，从 20 世纪 80 年代开始，这个群体日渐变小，并且局限在某些特定人群中。但如果我们将男性和职业女性进行比较，我们会发现，时间使用数据确实和我们早些时候描绘的女性革命的情况十分吻合，尤其当我们将照料孩子的时间算入家务时间中时。如果是这样，1965 年，妻子—丈夫的家庭生产比就是 2.7，且 1965 年是我们有详细的照料孩子的资料的最早年份。到 1985 年，这个比率降低到 1.8，2003 年降至 1.6。① 我们可以通过计算已从女性转移到男性身上的用于家庭生产的时间来说明这个论点。在 1965 年到 2003 年，女性总的家务劳动时间减少了 11 个小时，而男性增加了 4 个小时（Aguiar and Hurst，2006）。在这期间，总的家务劳动时间降低了大约 5 个小时。如果我们将这些减少的时间都分给女性的话，我们会得到等值于 38%的净小时再分配。夫妻双方可能仍在进行“性别实作”，但肯定和过去相比少多了。考虑到变化的速度，笔者将其解释为一个突发的均衡。

如果我们的目标是了解女性角色的变化是否以及如何确切地影响其行为和决策，那么更详细地探讨性别分工这一议题就显得很有必要了。尽管一些性别平等化的过程毫无疑问地发生了，但考虑到女性角色的转变，这种平等程度似乎远没有我们期待的那么彻底。

随着时间的推移，家庭责任的承担方面发生了切实的性别变迁，这一变迁发生的时间要比女性角色开始变化的时间晚得多。不管是在美国还是在北欧国家，都是到 20 世纪 80 年代以后才看到明显的变化，而且男性对家务的投入看起来并没有那么大的变化。最近（21 世纪前十年）的关于时间使用的数据肯定是支持“半满的玻璃杯”的比喻的。很多研究一致表明，在可测量的生产力差别上，男性和女性之间的差距远比我们预想的还要大。但数据也显示，我们现在正经历一个相当显著的平等化过程。表 1.3 显示了过去二十年内男性在家务方面的角色的变化。可以肯定的是，

---

① 这些数据体现的是美国的情况。北欧国家的趋势和此数据很像。因为在过去十年，丈夫对照料孩子的贡献大增；本以为根据预测，截至 2000 年，家务承担的性别比会有更大的下降。但事实上，它没有进一步下降，主要原因在于妻子在照料孩子的时间使用上令人惊奇地增加了 4 个小时（尤其见比安驰等人于 2006 年的研究）。北欧也有相同的现象（Bonke and Esping-Andersen，2008）。

美国在这方面是停滞的——这使得很多人相信美国的平等化进程已经停止了。但丹麦的数据显示，男性和女性正朝着更平等的程度稳步迈进。西班牙的趋势尤其值得注意：仅仅十几年，这一数据就跃升了近40%。正如胡克（Hook，2006）的研究所表明的，大多数发达国家都有相似的平等化趋势。

表1.3 家务性别平等化：男性所做家务在夫妻总的家务时间中所占的比例（单位：%）

国　家	20世纪80年代	21世纪
丹　麦	31	41
西班牙	23	32
美　国	32	33

来源：丹麦1987年和2001年的时间使用调查；西班牙1991和2003年的WSTUS调查；美国的数据来源于比安驰等人的研究（2006：Tables 5 A1 and 5A2）。

实证研究主要关注有酬的工作或者家务劳动。后者代表了不那么愉快的劳动（尽管结果是好的），大多数人都渴望将其降到最低。[①] 因为做家务比较费时间，它会造成工作和家庭之间的两难。换句话说，在这方面，夫妻双方的偏好可能是冲突的。但大部分研究得出的结论是，家务劳动造成的不平等和传统性别态度留存的相关度比和女性议价权力的相关度大得多（Alvarez and Miles，2003；Cook，2006；Evertsson and Nermo，2004）。此外，关于妻子在家里承担主要经济角色的研究也肯定了这些结论（Brines，1994）。但有些关于不同活动之间的互动的研究似乎得出了不同的结论。比安驰等人（2006）的研究表明，有孩子的女性倾向于将孩子放在优先的位置，为了增加和孩子在一起的时间，她们会削减做家务（和外出工作）的时间。

令人惊讶的是，关于照料孩子的时间的研究非常少，可能是因为有一些模棱两可的因素存在。照料孩子可以被看作父母对孩子素质的投资（Becker and Lewis，1973），但其本身也可以被看作一项愉悦的活动，即一

① 依照贾斯特和斯塔福德（Juster and Stafford，1985）的研究，有些时间使用调查显示，在从各类活动（如做家务、从事有酬的工作、休闲和照顾孩子）中获得愉悦的程度方面，做家务整体上得分非常低（尽管做饭和看电视的得分非常相近）。

项在过程中受益的活动，不论这一活动的结果如何（Juster and Stafford，1985；Hallberg and Klevmarken，2003）。对美国和瑞典的调查都显示，在一项1~10级活动愉悦感知的研究中，不论男女，其都对和孩子相关的活动打了最高分（仅次于“性”）——甚至比大多数娱乐活动的打分都高。但照料孩子也包括一些不那么受欢迎的任务，比如换尿布。和孩子一起玩是目前为止最受男性欢迎的活动，照料孩子则被女性视为更快乐的事情（Hallberg and Klevmarken，2003：Table 3）。

因此，在所有的议价和分工的框架中，做家务和照料孩子的活动偏好背后的逻辑是非常不同的。如果我们暂时忽略夫妻生产力的突出作用，可以预见到，他们在减少家务方面肯定存在讨价还价，以期可以将更多时间用于称心的或者有酬的活动上。如果照料孩子被视作一项正面的活动，那夫妻双方对它的讨价还价则更难预测。因此，将常规的照料活动和发展型的或积极的照料活动区分开来是很有必要的。如果是常规的照料活动，可以预料，其结果和家务劳动一定比较类似；如果是发展型的或积极的照料活动，父母会减少不那么令人喜欢的活动所造成的负担，从而将和孩子在一起的时间最大化。如果隆德伯格（2005）的“男孩理论”是对的，母亲议价权力的增加将会导致父亲承担更多的常规的照料孩子的活动。

关于照料孩子的实证研究很少。哈尔伯格和科勒夫马肯（Hallberg and Klevmarken，2003）、布劳门和斯坦坎尼利（Bloemen and Stancanelli，2008）以及邦克和埃斯平-安德森（2008）探讨了外出工作如何影响照料孩子的时间等问题。他们基本得出结论：对母亲来说，挣得多并不一定表明她们照料孩子的时间就少。这也强调了比安驰等人（2006）的论点，即母亲将孩子放在一个更加优先的位置上。邦克和埃斯平-安德森（2008）发现了一些支持“男孩理论”的证据，但这些证据只对受教育程度较低的（已为人父的）男性有效。他们也发现，高学历夫妻的同质婚配尤其有助于他们平等地分配照料孩子的任务，而低学历的同型结合的夫妻则倾向于依照传统的性别刻板印象来行事。

实证研究毫无意外地发现，低学历夫妻和高学历夫妻之间有巨大的不同。在高学历夫妻中，丈夫对家庭生产的贡献要大得多，并且有更大幅度的增加。相似地，高学历夫妻中的女性花费在孩子身上的心血也大得多，并仍在增加（Bianchi et al.，2000，2006；Mclanahan，2004）。解释这种分层模式并不容易。或许低学历的女性所掌握的能使其有效地讨价还价的资源更少。她们往往生育了更多孩子，收入更少，且并不那么热衷于事业。但这些因素不禁使人发问：为什么这些女性从一开始就选择更传统地行事？她们的生育率更高，更少进入劳动力市场……以上种种可能反映出她们对传统的家庭角色有更强的认同。沙勒弗（Shalev，2008）认为，这些行为上的不同选择表达了不同社会阶层的差异。

这将我们带入了性别分工到目前为止尚未取得发展的一个方面，即如何将偏好所产生的作用从生产力的影响中区分开来。在何种情况下会产生不同的或同一的偏好？

常识告诉我们，有相似的社会背景、文化背景、教育背景的夫妻也会有更相似的品位和价值观。总之，同质婚配的夫妻应该有更多相似的偏好。但这正是模棱两可之处，因为这样的夫妻也可能拥有相似的生产力。在这类夫妻中，性别分工的回报应该接近于零。

同质婚配的夫妻的行为充满了模糊性，因为他们之间任何可见的劳动分工都可能反映出共享的偏好或相似的生产力。一方面，如果他们之间总是共享偏好，我们就可以预见这对夫妻做决定的过程大致符合贝克尔的单一实用功能模型，由此，夫妻间将很少讨价还价；另一方面，如果“同质”仅仅反映出相似的生产力，可以预见，讨价还价将对家务劳动的分工产生重大影响，因为时间-机会成本对夫妻双方是相似的。

已有的实证研究几乎没关注过同质婚配。对夫妻就业的研究是个例外（Pencavel，1998a）。埃弗森和内尔莫（Evertsson and Nermo，2007）在他们关于家务分配的研究中也分析了同质婚配，他们发现，高学历夫妻间的同型结合带来了更多的性别平等，而在低学历夫妻中则没有。如下所述，笔者也发现了这一点。

考虑到同质婚配，以下几个原因可能会对流行的“性别实作”理论产生影响。首先，受教育程度不同的人，其同质婚配背后的选择可能会非常不同。高等教育已形成一个重要的婚姻市场，它也成为一个很强的社会过滤器，对社会背景、世界观和品位进行过滤。受过高等教育的人的婚配，可能更多受两人终身就业的考量的驱使。而在生活在社会底层的人中，同质婚配多半是发生在迥异的婚姻市场中完全不同的选择过程的一个副产品。此外，受教育程度低的男女会更遵循传统的性别规范。比如，技能低的女性更可能在家做全职家庭主妇，在大多数国家，她们不是很愿意进入劳动力市场。但是，在“低端”的同质婚配的夫妻中，如果他们都从事有酬工作，他们至少在工作上有相当相似的生产力，对于这样的夫妻，我们可以预计，讨价还价的权力于他们来说也很重要。换句话说，家务分工的不同，可能是由受教育程度和同质婚配的不同组合方式造成的。

我们需要发展出一种方法，一种能让我们在实证经验上区分偏好和生产力的影响力度的方法。贾斯特和斯塔福德（Juster and Stafford，1985）所使用的“任务—愉悦”方法可以作为一个选择。但问题在于，男性和女性在如何排列让他们觉得愉悦的活动上差别很小。将注意力放在受教育程度相当的夫妻群体上是另一个可能有效的方法。但我们也遇到了很大的阻碍。首先，我们知道，正式的教育是一个不完整的对人力资本进行测量的工具。[①] 其次，相似水平的受教育程度不一定带来相似的薪酬潜力。两个博士，其中一个是艺术史专业的学生，另一个是航空学专业的学生，他们的薪酬潜力一定会因为某些原因而不同。最后，工资的性别间差异因教育水平的不同而不同，这也会影响受教育程度不同的夫妻的生产力和讨价还价的能力。要确定夫妻各自的生产力，我们需要测量他们各自的工资水平。但这会给认定过程带来严重的问题，因为工资水平正是建构一个最佳的议价权力变量所需要的信息。

如果我们能认定男女之间的生产力趋同，那么我们如何将生产力的影响力和偏好的影响力区分开来呢？下面，笔者将采用两种解决方法。第一种方法是建构一个对生产力进行测量的工具，且确保它和讨价还价的能力之间没有相关性。最好通过妻子相对于丈夫的薪资水平，即用一个比率来测量（Pollak，2005）。妻子相对于丈夫的挣钱能力越强，她就更可能在经济上实现自主。但我们需要相同的薪资水平差异来确定生产力的差别。在

① 这一方面将在第四章中给出更详细的讨论。

下面的分析中，笔者通过设计一个对“工资水平同型”进行测量的工具来解决这个问题。这个测量工具是一个用来确定夫妻两人是否处在相同的薪资水平四分位数内的分类变量。

第二种方法是着重关注共同的时间分配，这似乎在实证研究中从来没有被使用过。为什么没有这方面的研究呢，其实是有充足的理由的。因为直到最近，我们才有了收集夫妻两人时间日志数据的时间使用调查。有几个国家已有了这方面的数据。共同时间使用的数据使得我们可以将生产力的影响力和偏好的影响力区分开来。如果夫妻双方的时间分配主要建立在生产力差别的基础上，理性的决定应是通过替代性策略将夫妻两人使用时间的重叠部分最小化。当夫妻双方从事产生积极结果的活动时尤其如此，比如准备食物或照料孩子。但如果他们的时间分配主要是由共同的偏好驱使的，那夫妻双方可能更喜欢一起做一些事情。如果他们重视彼此的偏好，他们势必愿意牺牲掉一些效率。从事产生积极结果的活动，比如照料孩子，尤其属于这种情况。

在下面的分析中，笔者主要关注夫妻双方在做家务和照料孩子方面的劳动分工。出于三个方面的原因，笔者使用了西班牙 2003 年的时间使用调查数据。首先，这是现有的少数几个允许我们将夫妻两人的时间使用方式联系起来并考察他们如何一起做事情的数据之一。其次，这是一个质量很高的调查，且样本量很大，使得我们能做出更为准确的预测。典型的时间使用研究通常有一个缺点，即观测量太少。但更重要的是，考虑到西班牙女性在平衡事业和家庭义务方面所面对的严苛环境，西班牙的数据为我们证实“性别实作”理论提供了一个特别有趣的案例。事实上，原先的以旧有的时间使用数据为基础的研究已得出以下结论：西班牙夫妻的行为选择仍然根深蒂固地遵循传统的性别模式（Alvarez and Miles，2003）。为了做比较，笔者会使用一些丹麦的数据。毫无疑问，丹麦是性别分工方面的国际先锋。

如果我们只比较平均水平，毋庸置疑，西班牙仍然存在大量的性别不平等，至少和丹麦及美国比肯定是这样。2003 年，西班牙的女性—男性家务承担比是3.1，而丹麦是1.4，美国是2.0。①

这一差异也存在于有酬工作中：在西班牙，男性用于有酬工作的时间平均比女性多4倍，这和丹麦及美国的水平比有着巨大的鸿沟，后两个国家的数据大约是1.3倍。②

但我们的研究的主要目的是找出家庭行为逻辑的变化。这意味着我们需要将偏好、生产力和议价权力在劳动分配中的相对重要性分解开来。尽管大家都承认“偏好”的关键作用，但它却很少被确认。大部分研究只是简单地假设它存在。在下面的分析中，笔者试图通过建构一个受教育程度同质的分类变量来捕捉偏好的关键作用。因为受教育程度和薪酬之间有适度的联系（关联度为0.4），从某种程度上来说，我们可以假设受教育程度比与人力资本相关的生产力更能捕捉到后者无法捕捉到的东西。因为笔者相信，和受教育程度较低的夫妻比，同质婚配对高学历的夫妻有着非常不同的含义，因此笔者增加了一个相互作用项：高学历者间的同质婚配。这个变量捕捉了双方生产力方面的相似程度，它也是建立在收入四分位基础上的一个虚拟变量。如果夫妻二人的收入落入相同的四分位区间，他们在劳动力市场中的生产力将被计入“相似”的范畴。为了确认议价权力在婚姻市场中的影响力，笔者参考了坡拉克（Pollak，2005）的意见：以妻子的工资水平除以妻子和丈夫合起来的工资水平。这里使用工资水平这一变量是很重要的，因为它不会受某人在某个特定的周/月里所做工作的影响。这个变量由此很好地体现了一个人的收入潜力。

下面的分析包括了控制变量标准的全部目录：受教育程度（低等、中等、高等分别对应初中、高中和大学水平）。低于初中水平的研究对象是我们的参照组。我们的研究也控制了夫妻双方每周在家庭外工作的时数、是否在公共部门工作、是否有孩子（也包括学龄前的孩子）等三个变量，还控制了夫妻双方可从外界获得的帮助的变量，如是否从其他家庭成员（最可能的是祖父母）处获得帮助、是否付酬请人做家务，以及是否将孩

① 该数据从丹麦2001年的时间使用调查和西班牙2003年的调查数据推算得来。美国的数据来自比安驰等人的研究（2006：Tables 5A1 and 5A2）。

② 当然，有酬工作方面存在巨大的性别差异很大程度上是因为许多女性没有参与有薪酬的工作。

子送入家庭外的收费托育机构。

正如我们将看到的，受教育程度和性别平等呈正相关——所有的研究都证实了这一点。不出所料，儿童照料以及在某种程度上的家务劳动，是和孩子的数量尤其是小孩子（0~6岁）的数量呈正相关的。从家庭外获得的帮助产生了有趣的性别差异：很显然，这在家庭事务尤其是家务方面帮助了母亲，但同时也增加了父亲和孩子在一起的时间。在单独的分析中，笔者发现：亲戚的帮助使得父亲对孩子的照料时间增加了24%。如果孩子是被送到日间托儿所，父亲对孩子的照料时间会增加39%。但家庭外的帮助在增加男性对家务的贡献方面没有明显的效果。①

笔者对丈夫和妻子的时间使用情况分别做了回归分析，也对他们共同进行活动的时间比进行了回归分析，后者是为了捕捉“偏好”的重要作用。② 笔者只考察了周间的活动，因为此时段的利弊权衡最多，机会成本也最大（见表1.4和表1.5）。

表1.4　夫妻家务分工（每天的分钟数；只包括周间）

	丈夫的时间	妻子的时间	共同活动时间的比例
截距	95.9***	297.5***	0.27***
夫妻变量			
妻子的议价权力	61.0***	-81.8***	0.09***
相似的生产力	-11.6***	-9.5	0.02*
同质婚配	-1.2	6.3	-0.02**
高学历的同质婚配	1.0	-32.7***	0.08***

① 这些影响是用表面非相关回归（seemingly unrelated regression，SURE）估计出来的。SURE允许同时对好几个结果进行预估；在我们的案例中，包括对孩子照料、做家务和有酬工作等方面的预估。这个方法的优势在于它捕捉了人们日常活动之间的相互依赖性：一个人能用于照料孩子的时间显然是受他/她用于完成其他任务如做家务、休闲或工作的时间的约束的。

② 所有的估计都建立在OLS（最小二乘估计）的基础上，因为它能让我们估计出边际效应。时间使用分析因为终检值的存在通常更偏爱Tobit估计量。在西班牙的数据中，终检的程度是最小的。事实上，用Tobit的估计得出了相同的结果。因为每周的有酬工作时数会产生潜在的内生性，理想的做法是进行同时回归估计。但这里呈现的结果并没有纠正内生性，因此可能会存在一些偏差，但大概率不是禁用偏差。将SURE的残差关联，我们发现有酬工作和做家务之间具有内生性（关联度为0.5），但有酬工作和照顾孩子之间只有非常有限的内生性（关联度为0.2）。

续　表

	丈夫的时间	妻子的时间	共同活动时间的比例
个体特征			
受教育程度：低等	5.6	−7.6	
受教育程度：中等	9.2**	−23.7***	
受教育程度：高等	9.2	−21.5**	
N	3758	3758	7516
判定系数	0.086	0.339	0.014

来源：西班牙 INE 数据。显著性水平：* P=0.10；** P=0.05；*** P=0.01。

未显示的控制变量：年龄、工作时数、是否在公共部门工作、是否使用了家庭外的帮助、孩子照料、其他家庭成员是否提供帮助、孩子数量、是否有6岁以下的孩子。

表1.4告诉我们，女性用于家务劳动的时间是男性的三倍。如我们所见，这意味着西班牙的性别不平等水平比北欧和美国更甚。夫妻共同活动的比例之大令人惊奇（27%），这表明大部分男性是和他们的妻子一起做家务的。在西班牙，我们也发现了受教育程度所起的作用：受过教育的男性会分担更多的家务；而高学历的女性则比低学历的女性做的家务更少。现在，这些在性别分工机制方面的结果告诉了我们什么呢？

首先，女性的议价权力似乎是最有影响力的因素，其边际效应极大。如果妻子的相对工资水平翻倍（比如从占夫妻共同工资的25%提高到50%），这将使得男性参与家务的时间增加60%，相应地，女性做家务的时间将降低28%。妻子相对工资水平的翻倍也会使得夫妻共同做家务的时间显著增加（30%）。这些变化幅度之大，呈现出了最强的效果。夫妻双方具有相似的市场生产力，其产生的效果则小一些。在这种情形下，男性参与家务的时间显著减少，但影响并不是那么大，而且还增加了夫妻共同做家务的时间。生产力确实会间接地影响女性的行为选择，更具生产力的女性会牺牲照顾孩子——甚至更多的家务——的时间来从事有酬工作。若女性的工资水平增加一个标准偏差，会使得有酬工作量翻倍，并会减少10%的照料孩子的时间和27%的做家务的时间。① 在这一点上，我们发现丹麦女性明显不同。当她们挣得更多时，她们的工作时数也更长，但这一

① 该数据是从表面非相关回归中估算出来的，因而没有在表1.4中显示出来。

点儿也不影响她们陪伴孩子的时间。这也许反映了国与国之间将孩子所放的优先地位的不同，但更具说服力的解释是，在西班牙，女性在面对事业和母职的冲突时，其所要做的利弊权衡要比丹麦女性多得多。无论如何，夫妻双方的生产力差异对照料孩子和做家务的整体影响较弱，当我们考虑到这点时，可以得出结论：传统的贝克尔模型的可信度并不是很高。换句话说，我们必须将“偏好”和“权力”看作主要的推动力。

如笔者这里所解释的，同质婚配抓住了夫妻双方相匹配的受教育程度所带来的一致的偏好和价值观的影响。一般来说，很明显地，其对性别平等的影响是负面的。但当我们把受大学教育的同质婚配夫妻单独拿出来分析时，我们发现：同质婚配对男性的影响是正面的，而对女性的影响则是明显负面的。因此，对处于“顶端”和“底端”阶层的夫妻来说，同质婚配作用于他们的逻辑是明显不同的。在受教育程度较低的夫妻（即上文所说的“底端”阶层的夫妻）中，同质婚配是和传统的“性别实作”联系在一起的。而在受教育程度较高的夫妻中，情况则相反。实际上，西班牙的数据也肯定了伊威森和那尔默（Evertsson and Nermo，2007）在瑞典发现的情况，以及邦克和埃斯平-安德森（2008）在丹麦发现的情况。换句话说，我们似乎发现了一个在发达国家较为普遍的现象。

当我们考察夫妻一起做家务的情况时，我们发现，同质婚配的低学历夫妻和高学历夫妻间的行为差异表现得最为明显。在这里，我们看到，拥有大学教育水平的同质婚配夫妻共同做家务的可能性跃升了30%。这为下面的观点提供了一些支持，即相似的偏好确实会产生某种时间使用模式，至少在高学历夫妻中是如此。这也表明，一个相当两极分化的情形的确存在：高学历的夫妻间有更多的平等，而低学历的夫妻更忠于传统的性别规范。我们发现，丹麦的夫妻间存在完全一样的模式（Bonke and Esping-Andersen，2008）。

照料孩子方面的性别差异也很大，因为在西班牙，母亲在一周内照料孩子的时间是父亲的三倍。我们应该避免将这一现象解释为父亲缺少照料孩子的兴趣。对于典型的西班牙男性来说，其工作日简直长得过分。表1.5显示的分工模式和表1.4极其相似。和前面一样，妻子的议价权力是分工的决定性因素。这里的边际效应甚至更大，几乎百分之百：如果她的相对工资水平增加一倍，丈夫照料孩子的时间也增加一倍，她照料孩子的时间相应有小幅度的下降。和之前一样，夫妻双方各自的生产力没有产生显著影响。可能最令人吃惊的发现是，同质婚配的两极效应在照料孩子方面表现得更加明显。拥有大学教育水平的同质婚配夫妻，父亲照料孩子的时间增加了30%；最引人关注的是，夫妻共同照料孩子的时间也显著跃升了30%。但受教育程度的梯度影响很明显。受过高等教育的夫妻，双方都愿意花更多的时间和孩子在一起。事实上，受教育程度高和低的夫妻间的差别非常大。对于受过高等教育的母亲来说，她们通过讨价还价得来的时间显然没有白费，因为她们积极地选择和孩子共度更多的时光。

表 1.5 夫妻照料孩子的分工：只统计有孩子的家庭（每天的分钟数）

	丈夫的时间	妻子的时间	共同活动时间的比例
截距	29.8**	143.1***	0.19***
夫妻变量			
妻子的议价权力	29.0***	−21.3*	−0.02
相似的生产力	−0.9	4.7	−0.01
同质婚配	−0.4	−2.5	−0.02
高学历的同质婚配	10.6*	−0.8	0.09***
个体特征			
受教育程度：低等	0.0	14.0***	
受教育程度：中等	10.8**	20.2***	
受教育程度：高等	11.2*	38.5***	
N	2830	2830	5660
判定系数	0.213	0.406	0.040

来源：西班牙 INE 数据。显著性水平：* $P=0.10$；** $P=0.05$；*** $P=0.01$。

未显示的控制变量：年龄、工作时数、是否在公共部门工作、是否使用了家庭外的帮助、孩子照料、其他家庭成员是否提供帮助、孩子数量、是否有6岁以下的孩子。

总之，无疑有很多证据支持“性别实作”理论——在西班牙肯定能比别的国家找到更多的证据。但当妻子的议价权力有显著提升时，传统主义规范明显衰落了。当妻子的相对工资水平翻倍时，性别间的收入差距会降至30%，也就是说，夫妻间家务分工的差异仅为原来的十分之一。而且，妻子议价权力的提升也显著增加了夫妻二人共同承担家务的时间。这表明，随着女性获得更大程度的经济自主，传统的“性别实作”实践减少了。

这样看来，甚至在西班牙，夫妻双方在家庭分工上的行为模式也不太符合贝克尔的性别分工理论。夫妻双方的市场生产力，不论是不同还是相似，都对家务劳动的分工影响很小。但“性别实作”理论也没有得到任何明确的事实支撑。首先，讨价还价确实起到了决定性的作用。其次，我们看到，夫妻双方做决定的过程的确存在一个双模型的模式：受教育程度低的夫妻可能遵循传统的性别规范；受教育程度高的夫妻毫无疑问则正朝着性别平等的方向迈进。

有关对夫妻双方共同承担家务劳动尤其是孩子照料的分析揭示出：高学历夫妻共有的倾向和价值会导致某些行为的产生，这些行为直接反驳了标准的夫妻分工理论和“性别实作”理论。

一般来讲，不同人群间的家庭行为特征是相当两极化的。这是测量一个社会中——在这里指西班牙——女性革命到达何种程度的一个良好的指标。而且，受教育程度低和高的（已育）夫妻之间的巨大育儿差距说明，这种受教育程度的差别会对儿童的发展前景产生连锁反应。在丹麦、美国和西班牙，受教育程度低和高的（已育）夫妻在照料孩子方面所花费的时间的差距大约是30%。丹麦和美国的数据都表明，这个差距在未来的十年内还会不断加大。我们将在第二章和第四章中再次讨论这个问题。

五、未竟的革命

证据显示，女性（可能也包括男性）的行为方式的确有了“革命性的”变迁。但是不难发现，在社会的某些“角落”——有时还是比较大的“角落”里，人们仍然十分忠于传统的性别规范。例如，在家务分工、就业行为以及婚姻选择方面，都能发现这种情况。同时，在女性表达她们对家庭生活的观念时，我们也可以从她们的表达方式中看到她们对传统性别规范的忠诚。

哈科姆（Hakim，1996）的类型学划分中出现的传统的、家庭导向型的女性，显然在当今社会中仍然存在。选择“传统的男性养家糊口”模式可以说是传统偏好的最好标识符。秉持母亲应该待在家里陪伴学龄前的儿童的信念（对于是不是遵循传统的性别规范来说）有些模棱两可，因为一个“是的”的答案可能只是意味着母亲非常关注孩子的福利。因此，如果我们将注意力放在谁承担养家糊口之责上时，如表 1.6 所示，不出所料，传统的性别规范已经从大部分瑞典社会中消失了。令人惊讶的是，近四分之一的美国女性就像西班牙女性一样，她们表现得很传统——很典型地落后于“革命”。斯科特（Scott，2008：Table 6.1）呈现了一个很少见的英国性别态度的跨时段简介，该简介表明：在过去的几十年间，英国男性和女性都在显著地向着性别平等的方向前进。在大多数方面，女性均持有更强的平等主义观念，但令人疑惑的是，在双职工安排方面却不是如此。无论如何，这种动态变化无疑表明现在的女性在家庭地位方面果断地脱离了传统规范。斯科特收集的其他国家的数据表明，那里也存在基本相同的趋势，但需要另外说明的是：在性别平等观念落后的国家如爱尔兰、荷兰和西班牙，其在平等主义生活方式的选择方面出现了极大的进步（Scott，2008：Table 6.2）。斯科特关于特定群体的态度方面的数据也肯定了笔者早些时候的看法，即女性革命的势头从战后“婴儿潮”一代开始，且在受过高等教育的女性中表现得尤为突出。

表 1.6　女性的性别角色偏好

国　家	偏好传统的男性养家模式的家庭/%	秉持母亲最好在家陪学龄前孩子/%
德国（西）	23	56
爱尔兰	19	36
荷　兰	12	40
西班牙	25	52
瑞　典	8	24
英　国	20	39
美　国	24	38

来源：国际社会调查项目——社会不平等 III（ISSP 2002），由 GESIS Data Archive（ZA3880）分发。

女性革命显然是以分层的形式发展的，即从受过更高教育的中产阶级女性中开始。在经济合作与发展组织（OECD）成员方间进行比较，我们发现这个组织的成员方的内部就业的性别平等模式相当类似。从根本上来说，女性革命是否完成的问题，是受教育程度低的女性或者嫁给受教育程度低的男性的女性在何种程度上跟上中产阶级女性步伐的问题。在北欧，仅仅接受过义务教育的女性的就业率为60%~65%，而美国则更低一点儿。但在意大利，这一数据只有27%，南欧的平均水平也只有35%。当然，我们需要牢记的是，北欧（以及美国）的受教育程度低的女性的比例确实比较低，而在南欧却相当高。

毫无疑问，女性在教育上的更大投资反映了她们期望获得终身自主性和追求更好的工作的决心。戈尔丁等人（Goldin et al.，2006）提出，这也反映了女性在教育方面获得的回报比男性高的事实。但我们必须谨慎地解释总体的受教育水平，因为女性倾向于选择在那些传统上被视作“女性化”的领域来学习，比如人文学科和护理，而这些领域的工资水平都相对较低。事实上，在学习领域的选择方面的性别差异确实解释了毕业生们之间为何存在如此大的工资差异（Gregory，2008）。

但整体就业水平无法全面反映女性在劳动力市场中在多大程度上获得了和男性一样的平等地位。我们尤其需要考虑两个限定条件。第一，女性终其一生，能够多稳定地参与劳动力市场？过去，典型的情况是，女性在生完第一胎以后就会中断或者完全摒弃就业。如前文所述，在英国，女性因生育而导致的职业中止率突然降低了。但受教育程度低的女性仍会退出职场好几年（Dex et al.，2008）。在美国，布劳等人（Blau et al.，1980）的研究表明，20世纪50年代和60年代的典型女性会在25~40岁的育龄期失去七年的工作时间。有趣的是，这种情况直到1980年都没有改变。但所有可获得的证据都表明，如今女性的工作中断状况减少了很多——因为低生育率——而且中断也变短了。最近的资料显示，在加拿大、法国、美国和北欧，有两岁以下孩子的母亲，其就业率只比一般的女性稍低一点儿。而在德国，这个差异仍旧很大，已育的女性还是会有比较长时间的职业中断（Gauthier and Lelievre，1994；OECD，2007）。而且大多数国家的女性的职业中断都存在一个双模型的模式，即受教育程度较高的女性较少中断工作，且中断期较短；而受教育程度较低的女性则会更多地中断工作，且中断期明显比前者长。美国的数据较好地证明了这一点：在美国，60%的受过大学教育的女性在生育后一年内回到职场；而那些学历在高中以下的女性则只有18%的人会如此（US Census Bureau，2005：Table 5）。

在职业生涯的晚期，传统意义上，女性必须照顾病弱的年老父母。这或许断了她们重返职场的心，因为孩子们也长大了；这抑或导致第二次职场中断，而这通常是不可逆的了。撒拉莎和梅斯特斯（Sarasa and Mestres，2005）的研究表明，在承担照料另一个家人的任务的丹麦女性中，只有3%的女性认为这会妨碍她们获得正式工作；而在德国，这一数据是13%，在英国是22%，在西班牙则是25%。

第二个限定条件是非全职就业，它代表迈入工作世界的更为审慎的一步。几乎在所有地方，半职工作都是女性转变的早期阶段的一个标志。毫不奇怪，它在性别平等观念比较落后的国家如德国、荷兰、意大利和西班牙获得了很快的发展。在女性革命几乎成熟的国家——北欧——半职工作形态在过去几十年内经历了显著的下降。在北美，大部分女性在她们整个职场生涯中几乎都是从事全职工作的（OECE，2007）。事实上，如笔者早前提到的，在丹麦，半职工作现在成了产假和全职工作之间的一个短暂过渡。这再一次表明，受教育程度造成了决定性的差异。如布劳斯菲尔德和哈科姆（Blossfeld and Hakim，1997）的研究表明，非全职就业在从事低端工作的女性中更为普遍，她们从事半职工作的时间可能也更长。

劳动供给的加强影响了女性的经济自主性和其在夫妻间的权力。当然，丈夫的经济主导地位被削弱了。在美国，夫妻双方中丈夫是唯一“养家人”的比例已经减半——从1970年的60%下降到今天的30%以下。但当我们研究那些丈夫拿出他们薪水的大部分（60%以上）或全部来养家的家庭时，上面所说的趋势似乎又不那么“革命性”了。在这种情况下，丈夫是家庭唯一“养家人”的比例从88%降到70%。毫无疑问，丈夫的收入占主导地位的情况更多地集中在妻子受教育程度比较低的夫妻中（Raley et al.，2006）。在一个更宏观的跨国比较中，比安驰等人（1996）

发现女性因收入而产生的依赖现象在瑞典基本已经变得非常边缘化了，但在美国，这一现象仍在30%的女性中存在，而在欧洲大陆国家，则在50%（甚至更多）的女性中存在。

女性角色的未竟的革命表现在不同的方面。其一，在经济行为上，女性生命历程的男性化远比在家庭生活中明显。霍尔奇德（1989）认为，女性革命在家庭领域“搁浅了”的观点似乎太夸张了，因为家庭领域内的性别平等化过程并不是无足轻重的。格谢尼等人（Gershuny et al.，1994）提出的概念“落后的适应”（lagged adaptation）似乎更能捕捉到如今的趋势。其二，革命似乎是高度分层的。但这种分层在处于性别平等前沿的北欧表现得不那么明显，而在性别革命处于起步阶段的其他国家则更明显一些。这将对整个社会产生重大影响。在第二章中，笔者将会指出：吊诡的是，未竟的、高度分层的性别平等化过程会孕育出更多的社会不平等。在第四章中，我们会看到，这种革命越处于未完成的状态，社会越有可能在育儿和儿童的生活机会方面呈现两极化趋势。

但数据也告诉我们，还有一个基本的偏好没有被革命影响：所有的证据都显示，女性对为人母的渴望仍然很强。结果，现代社会最大的矛盾之一就是如何调和事业与母亲身份所引起的矛盾。确实，女性革命可能会给家庭生活和社会生活带来不良影响，除非它能从福利国家中获得支持。这是下一章将要探讨的问题。

第二章　新的不平等

女性角色的革命和知识经济的成熟有助于创造经济财富、推动社会创新，但它们也带来了新的社会风险和不平等。“两极化”是很刺眼的字眼，但在这一章，笔者将指出，我们确实在许多方面面临着两极化的趋势。首先，我们正目睹一股收入不平等的浪潮。这点可以从技术获得的经济回报、家庭结构的变迁和女性未竟的革命中发现踪迹。其次，有迹象表明，社会上，在“工作—富裕（work-rich）家庭”和“工作—贫困（work-poor）家庭”之间出现了两极分化。再次，传统的弱势群体如单亲母亲所面临的风险将更多，因为离婚和成为单亲母亲更多地发生在受教育程度较低的女性群体中。最后，和以上几点相关的是，有迹象显示，父母对孩子的投资也变得更加不平等。这个时代的矛盾之处在于，如果对性别平等有最深的渴望的群体是地位高的女性的话，那么这种渴望很可能会带来更大的社会不平等。而在大多数国家，情况正是如此。

一、日益加剧的收入不平等

我们的时代，是一个不平等加剧的时代。许多评论者认为存在一个“大U型”：经过几十年的收入压缩，我们现在正处于一个巨大的逆转期。在过去几十年中，除了一两个例外，几乎所有的OECD国家内部已经经历了收入差距不断加大的过程；英国和美国尤为如此（Forster and D'Ercole, 2005）。大部分新的文献将其归咎于劳动力市场的变化，尤其是技术溢价的上升、工会权力的削弱、不遵守就业市场的规定以及失业。美国的数据显示，自1980年以来，额外的学校教育带来的工资回报几乎已经翻倍（Juhn et al., 1993; Katz and Autor, 1999; Morris and Wester, 1999;

Ryscavage, 1999; Kenworthy and Pontusson, 2005）。

这个“大 U 型”在战后收入压缩的背景下最容易为人们所理解（Levy, 1998; Davies and Shorrocks, 1999）。如卡洛里和伯特利斯（Karoly and Burtless, 1995）的研究显示，在 20 世纪 60 年代，40% 的收入不平等减少可以归功于以男性为“养家人”的家庭间收入不平等的下降。水涨船高，所有家庭的收入都得到了提升，而那些小家庭提升得更多。若对 20 世纪 70 年代以来的趋势进行研究，我们会发现情况并不那么乐观。刚开始，收入不平等的增加似乎只出现在英国和美国（Gottschalk and Smeeding, 1997; Atkinson, 1999）。因此，该现象尚属个别化而不是全球化的。英、美两国收入不平等的增加是其不规范的劳动力市场和工会影响力被削弱所造成的后果（Katz and Autor, 1999）。但现在，我们看到很多国家步了英、美两国的后尘，包括具备较强的劳工运动和社会平等传统的地区，比如北欧。

表 2.1 记载了几个国家在 1980—2000 年家庭收入不平等增加的情况。事实上，基尼系数在所有国家都有很大幅度的上涨，尤其是在英国；但令人惊讶的是，瑞典的不平等水平也有了一个跃升。但可以预见的是，如果我们考察可支配收入，不平等的发展趋势则远没有上文所讲的那样惊人。肯沃斯和庞特森（Kenworthy and Pontusson, 2005）认为，为了应对不断加剧的不平等问题，福利国家均加强了再分配（的力度）；但在瑞典、意大利和美国等可支配收入（完税和转账后）的基尼系数的增长幅度与市场收入的基尼系数的增长幅度基本一样的地方，情况并不如此。

表 2.1　1980—2000 年家庭收入不平等之变化

国家	市场收入			可支配收入		
	1980 年基尼系数	2000 年基尼系数	变化百分比/%	1980 年基尼系数	2000 年基尼系数	变化百分比/%
丹麦*	0.331	0.355	+6	0.254	0.266	+4
挪威	0.284	0.337	+19	0.223	0.251	+13
瑞典	0.293	0.375	+28	0.197	0.252	+28
法国	0.395	0.403	+1	0.270	0.273	0
德国	0.285	0.360	+26	0.244	0.263	+8

续 表

国 家	市 场 收 入			可支配收入		
	1980 年基尼系数	2000 年基尼系数	变化百分比/%	1980 年基尼系数	2000 年基尼系数	变化百分比/%
意大利*	0.434	0.456	+7	0.306	0.333	+9
西班牙**	n. a.	0.574	n. a.	0.318	0.323	+2
英 国	0.332	0.450	+36	0.270	0.345	+28
美 国	0.359	0.436	+21	0.301	0.368	+22

来源：卢森堡收入研究（LIS）数据，以及肯沃斯和庞特森的研究数据（Kenworthy and Pontusson, 2005: Table A2）。

*意大利和丹麦的数据是对 OECD 国家 1985 年和 2000 年的估计，来源于福斯特和德厄科尔的研究（Forster and d'Ercole, 2005: Table 4）。**西班牙 2000 年的数据来源于欧洲共同体住户调查小组（ECHP）。

这个“大 U 型”是由顶层收入者领先于余下的人群所引起的。当然，这也证实了收入差距正在不断加大的事实（Katz and Autor, 1999; Gottschalk and Smeeding, 1997）。在英国，顶层收入人群和中间收入人群的收入差比率已从 1.8 上升到 2.2；在美国，这一数据从 2.6 上升到 3.0；在瑞典，这一数据从 1.5 上升到 1.7。但在美国、芬兰、德国、意大利、瑞典和英国，底层人群的（相对）收入也逐步减少。考虑到体量的大小，事实上的两极化似乎只存在于英国和美国。①

年轻人承担着收入不平等的大部分后果。无论有何种技术水平，他们都面临着相对收入减少的状况；在失业和那些签订不稳定的、短期的就业合同的人中，年轻人占很大比重（Wasmer, 2002; Polavieja, 2003）。更广泛地来看，在 OECD 国家，18~25 岁的年轻人，其相对可支配收入平均已降低了 7%（Forster and d'Ercole, 2005: Annex Table A6）。令人惊讶的是，北欧年轻人的可支配收入下降得尤其厉害。

年轻工人收入不平等不断恶化的情形和单亲父母数量的上升可以解释日益增加的儿童贫困问题。北欧福利国家成功地遏制了该趋势上涨的势头，但其他地方的儿童贫困却急剧上升：德国、荷兰、意大利和英国增加

① 斯米丁（Smeeding, 2004: Table 1）的研究显示，在 1979—2000 年，美国最底层的五分之一的人口的实际收入平均为 1 100 美金（或 9%）；而最顶层的五分之一的人口的实际收入平均有 57.64 万美金之多（或 201%）。

了4%~7%；本来美国的儿童贫困情况就更严重（在1980年就达到了19%），而这些年又增加了3个百分点。①

毫无疑问，新的不平等是由持续的劳动力市场转型所推动的（OECD，2000）。一方面，高失业率使得年轻人不平等的情况不断恶化。在许多欧盟国家，新的离校生面临着更长的待业期。在意大利和西班牙，年轻人的平均待业期是23个月，这和丹麦的5个月及英国的6个月（OECE，2007）相比显然更为严重。另一方面，技术获得的回报率不断上升，但技术跟经验有很大关系，这又将年轻人置于不利地位（Katz and Autor，1999）。

新技术的不平等后果在很大程度上取决于技术供给的趋势。阿策莫戈鲁（Acemoglu，2002）以及戈尔丁和卡茨（Goldin and Katz，2008）提出，自20世纪70年代以来，美国的大学录取状况已经落后于对高技术的需求，这使得高技术有着异乎寻常的溢价。而在欧洲，情况刚好相反，即受教育程度较高的工人的供给超过了对高技术的需求，结果造成了处于技术金字塔顶端的工人工资停滞不前的状况。但很明显，在整个欧洲，年轻工人在低收入人群中占比过高。鲁茨夫拉等人（Lucifora et al.，2005）的研究表明，在荷兰和英国，大约60%的25岁以下的年轻人属于低收入者；在法国和德国，这个数字是40%。不论如何解释，这些数字都是巨大的。

但不是所有的消息都是令人沮丧的。尽管女性的工资分布和男性有相似的趋势，但在技术水平上，性别间的工资差异正在减小。底层人群的工资不断贬值，低技术水平的男性的状况最差；而高技术水平的女性和男性相比，其收入有很大的增加（Blau and Kahn，2003；Waldfogel and Mayer，1999）。而且男性更容易受到因年轻和经验不足带来的劣势的影响。在美国，20世纪80年代和90年代，25~34岁男性的收入降低了23%，而同期同年龄段女性的收入仅降低了4.5%（Schrammel，1998）。

不同国家的性别间收入差异所显现的趋势非常不同（Blau and Kahn，2003：Table 7.2；OECD，2002：Table 2.15 and 2.16）。最近的欧盟统计数据显示，在英国、荷兰、爱尔兰和意大利，该差距显著缩小。在丹麦、法

① 从卢森堡收入研究（LIS）数据估算而来。

国和德国，该差距仍维持在相同的水平，但在一些地方却加大了，在西班牙和瑞典尤为如此。[①] 如果女性的相对收入增加，同时女性更多地参与工作，那么她们对家庭总收入的贡献就会上升。在法国、荷兰和西班牙，她们的相对收入的贡献率上升了整整5个百分点。结果，对整个家庭收入的贡献的性别构成就不再那么不对称了，而在丹麦，该性别构成甚至趋近相等。在女性劳动供给率较低的国家如荷兰和西班牙，她们的贡献率在25%左右徘徊。[②]

二、变化的人口特征带来的影响

有三个巨大的人口变迁会影响收入分配。首先，不断上升的婚姻不稳定趋势意味着存在更多的弱势群体，尤其是单亲家庭。卡洛里和伯特利斯（Karoly and Burtless，1995）的研究表明，20世纪70年代和80年代，美国的基尼系数上升，究其原因，多缘于以女性为户主的家庭数量的增加。而出生于单亲母亲家庭的孩子的比例，从南欧的5%到北欧和北美的15%~20%不等。[③]

其次，教育方面的同质婚配，尤其是受教育程度较高的男女间的同质婚配，影响了家庭总的挣钱能力，进而可能加深不平等（Blossfeld and Drobnic，2001；Burtless，1999）。[④] 但婚姻选择的效果依赖于第三个转变，即女性劳动力供给的强度。

如果劳动力供给和受教育程度呈正相关，几乎可以肯定的是，女性就业会加深不平等。简单点说，高技术水平的双职工夫妇（的收入）会远超其他人，尤其当处于底层的人普遍待业的时候。相反，如果处于“低端”（即技术水平低）的女性劳动力供给增长更快的时候，从实际效果上来看，这会降低收入不平等。通常，受教育程度较低的女性的劳动参与率远低于

---

① 欧盟统计局的数据来自新克罗诺斯。

② 德国和英国是个例外。其数据基于欧洲共同体住户调查小组于1994—2001年的多次调查。

③ 根据LIS关键数据（www.lisproject.org/keyfigures）估算而来。

④ 夫妻教育的相关系数从丹麦、德国和英国的0.5到意大利、瑞典和美国的0.6及以上不等（根据加拿大统计局IALS微数据估算而来）。

那些受教育程度高的女性，但这两者间的差距在南欧远远比在北欧、英国和美国大。

如笔者下文将要讲的，有明显的迹象表明，处于收入分配“低端”的美国女性已经增加了劳动力供给，以补偿低技术男性不断减少的收入。这反映了一种女性通过增加劳动力供给来应对窘境的传统做法。但如果这主要代表了一种因男性挣钱能力减弱而采取的补偿性行为，那它就不太可能有任何大的平等化效果。

因为失业往往发生在夫妻双方身上，因此同质婚配会造成两极化（Gregg and Wadsworth，2001）。在没有工作的成年人中，处于工作年龄的夫妻的比例在北欧、德国和美国是6%～8%，在英国和荷兰是13%～15%。[①]“工作—贫困家庭”和“工作—富裕家庭”之间的收入差距在一些国家特别大——比如在南欧，双职工家庭主要集中在社会顶端；或者像美国，国家的福利支持明显不足。

因此，即使受教育程度较低的女性增加了劳动参与，但如果就业的密度仍然不对称的话，这些女性的劳动参与也很难带来平等化的效果。例如，一对双职工夫妇每周可能可以工作80个甚至100个小时，单个工作者（丈夫或妻子）只能达到一半的时间，而单亲母亲实际上的工作时数要少得多。证据显示，这种不对称正在加剧（Juhn and Murphy，1997；Aaronson，2002；Karoly and Burtless，1995）。斯米丁（2004）收集的关于欧洲和北美的数据表明，处于收入顶层五分之一的夫妻的每年工作时数是收入底层五分之一的夫妻的两到三倍；并且比处于中间五分之一的夫妻多20%～30%。希斯洛普（Hyslop，2001）的研究显示，美国家庭收入不平等不断加大，其背后原因的23%可以用同质婚配来解释。

因此，一个关键的实证问题在于，教育同质婚配是否会对劳动供给和收入产生溢出作用。我们可以通过简单地计算（每周）工作时数和（每年）工作收入的夫妻相关系数[②]来估算（见表2.2）。

---

① 如果我们也将单身者和单亲家庭统计在内，这些数字会高得多（OECD，1998：Table 1.7）。

② 这里的“相关系数”统计的是夫妻家庭，包括零收入和/或零工作时数的家庭。

表 2.2　劳动供给和收入的教育同质婚配：1993 年和 2001 年的夫妻相关系数

国　家	1993 年		2001 年	
	劳动供给	收　入	劳动供给	收　入
丹　麦	0.39	0.20	0.41	0.16
法　国	0.26	0.19	0.22	0.17
德　国	0.19	-0.13	0.20	-0.12
意大利	0.17	0.15	0.17	0.18
西班牙	0.12	0.18	0.18	0.20
瑞　典	n.a.	0.52	0.17	
英　国	0.31	0.16	0.32	0.07
美　国	0.27	0.10	0.29	0.07

来源：欧洲共同体住户调查小组于 1993 年和 2001 年的追踪调查；美国的数据来自同年的收入动态人口研究（PSID）的追踪调查。

不出所料，在女性劳动参与度高的国家，如丹麦和瑞典，同质婚配在劳动供给方面更强，而相应地，这种情况在意大利和西班牙更弱。工作强度的相似性可能不会产生很高的（年度）收入相关系数，因为女性更可能中断她们的职业生涯。但国家间的差异肯定是由复合因素造成的。即使女性就业的水平较低，西班牙的收入相关系数仍然很高，这是因为，处于顶层行业的女性嫁给了从事类似高地位工作的男性（Smith，2005）。德国的这一相关系数为负，这是因为拥有很高收入的男性的妻子通常很少工作。

三、性别革命和不平等

因此，如果女性角色的革命性变化会直接或间接地造成更大的社会不平等，那么这种变化可能是喜忧参半的。不平等的激增不仅会影响如今生活标准的再设定，也可能会影响后代的机会结构。家庭收入越不平等，父母在孩子身上的投资就越不平等（Solon，1999）。[①] 在这个背景下，更准确地界定女性经济行为的变化如何影响收入分配以及如何间接地影响父母对孩子的投资能力显然是非常重要的。

令人惊讶的是，很少有研究会系统地谈起这个问题，而既有的研究多

① 当然，父母收入只是影响孩子生活机会的众多因素中的一种。事实上，就像笔者在第四章中将要提出的，养育子女的非金钱性的维度可能更具有决定性作用。

是建立在对美国的数据进行分析的基础上的。[①] 以下几个因素可以说明女性就业如何影响不平等。首先，这种影响取决于不同家庭类型中女性的分布，尤其是以夫妻为单位的家庭中的女性相对于单亲（如单亲妈妈）家庭中的女性的分布。美国的研究表明，单亲妈妈家庭的数量的增加是造成不平等的重要原因。不同家庭类型中的女性分布情况由人口因素如年龄、种族和受教育程度决定。例如，在美国，黑人的单亲率约为白人的三倍（Ellwood and Jencks，2004）。实际的影响将取决于起作用的社会选择机制的类型：在一些国家（如英国和美国），单亲妈妈家庭的形成与低教育水平和高贫困风险相关。然而，最近美国未成年人生育率的下降抵消了这种选择效应的一部分。在斯堪的纳维亚国家，这种选择机制的影响更弱一些，因为大多数单亲母亲都在工作，而且她们也获得了大量的国家福利支持。同样，这种家庭结构在南欧也不突出，但其原因不同，因为高昂的离婚成本意味着这个问题多发生在社会阶层较高的人群中。然而，如果我们的分析也包括了未婚同居伴侣，家庭结构变化的影响则显得较弱（Martin，2006）。

其次，如果我们将研究局限在夫妻家庭，女性经济行为变化的影响将取决于哪些女性在劳动力供给和收入方面增加得最多。如果大部分的增加集中在受过高等教育的女性，或者与高收入男性结婚的女性身上，那么这种影响很可能是不平等的。如果我们看到单亲母亲就业率大幅度提升，其影响应该是均衡的（Western et al.，2008）。

表 2.3 呈现了一种评估夫妻家庭中女性就业和收入不平等影响的方法。为了排除学生和退休人员，笔者主要关注 25～59 岁的夫妻，并分别计算了男性和女性收入五等分的顶部和底部之比。如果女性比男性的收入比更高，那么我们可以得出结论，妻子的收入加剧了家庭间的不平等。我们可以通过比较男性收入比与总的家庭收入比来测量同样的影响。如果后者高于前者，我们可以得出结论，妻子的收入贡献导致了不平等。表 2.3 还突出了与妻子就业水平有关的差距。

---

① 梅特等人（Maitre et al.，2003）和埃斯平-安德森（Esping-Andersen，2007）的研究专注于对欧洲数据的分析。

表 2.3 在家庭收入中女性的角色：25~59 岁的夫妻

	收入比：五等分的顶部/五等分的底部			已婚女性增加了多少家庭劳动力供给？/%	
	男性	女性	家庭	收入五等分的顶部	收入五等分的底部
丹　麦	5.8	4.3	5.2	82	80
法　国	5.7	8.5	6.3	78	72
德　国	4.1	4.8	4.3	72	68
爱尔兰	9.3	12.0	9.7	62	65
荷　兰	5.2	7.7	5.7	62	52
西班牙	8.8	23.2	10.6	80	82
英　国	7.0	5.3	6.4	73	59

来源：基于欧洲共同体住户调查小组的追踪数据（波 6）估算而来。

在表 2.3 所包含的国家中，我们看到，在收入五等分底部的家庭中，已婚女性的家庭劳动力供给（通过每周工作时数测量）远不如在顶部的密集。荷兰和英国的差距尤为明显，这两个国家的女性兼职率都非常高。在丹麦、爱尔兰和西班牙，收入五等分顶部与底部间的已婚女性的家庭劳动力供给没有真正的差异。现在来看收入分配的影响，我们发现，除了丹麦和英国，在其他国家中，女性收入的增加导致了更多的不平等——最显著的是爱尔兰和西班牙。这反映了一个事实：在这两个国家中，处于收入五等分底部的女性收入很少，甚至经常无收入。

然而，这样的横向调查并没有为我们的动态问题提供一个有说服力的答案：在过去的几十年里，女性就业率的增长有什么影响？为了捕捉这种动态变化，笔者想谈谈我们进行了长期数据追踪的美国。我们看到，已婚女性对家庭总收入的贡献度有一个明显的上升。在男性收入五等分的各组中，已婚女性的收入贡献度均增加了约 50%；除了收入五等分的顶部和底部，在其他三组中，已婚女性的收入贡献度约占总数的 30%。这一比例比大多数欧盟国家略高，但比斯堪的纳维亚国家要低得多。已婚女性的收入贡献度在男性收入五等分的底部表现得特别明显，她们的收入所占的份额已经超过家庭收入总额的 60%。鉴于美国劳动力市场中低技能男性的地位不断下降，这基本上是一种补偿行为（Juhn and Murphy，1997）。

这使得我们开始关注女性和男性的工资分配问题。随着女性就业率的上升、孩子数量的减少以及生育中断期的缩短，性别间的工资差距已经缩小（Blau and Kahn，2003；Walsfogel and Mayer，1999）。但它一直在以不同的速度缩小。在北欧国家，该差距在高技能女性中一直很稳定，并在低技能的女性中继续缩小。在男性伴侣有收入的条件下，这应该有利于形成平等趋势。而20世纪90年代在美国发生的情况正好相反，低技能的男性的收入逐步下降，这样，女性收入的变化所带来的影响将会逐步变大，尤其是当同质婚配普遍存在时。

作为第四个因素，女性就业和不平等之间的关系也取决于家庭如何在整个商业周期中经营生活。令人惊讶的是，这并没有得到太多的关注。然而，当我们调查女性每年的就业变化时，以下情况引起了我们的注意：一般女性，特别是受教育程度较低的女性，更容易遭受经济增长放缓的影响。在之前的一项研究中，笔者对家庭收入不平等的年际变化进行了方差分解，结果表明：在经济衰退时期，女性的收入对整个家庭收入分配的影响趋向更不平等。对此的一种解读是，与低收入的男性结婚的女性（通常是低技能女性）通常更容易失业（她们属于那种会最先被辞退、最后被录用的人）。我们再次看到了同质婚配的影响（Esping-Andersen，2007）。

第五个因素是更广泛意义上的伴侣关系的形成。一方面，如前所述，婚姻选择在人力资本的属性方面可以产生实质性的影响；另一方面，在结婚和离婚这种动态变化的背后，无疑是有选择机制的。那些保持单身或变成单身的人，不一定与那些成双成对的人相似。伴侣关系的总体影响难以预测。我们认为，那些认真敬业的女性面对糟糕的婚姻市场会更多地选择保持单身。如前所述，离婚和选择成为单亲母亲在一些国家是上层阶级的事情；而在其他国家，则更多在底层人群中发生。

四、解开女性就业和不平等之间的联系

需要厘清的三个基本因素是：（1）离婚的分层模式；（2）同质婚配的作用；（3）对单职工家庭的增长与双职工家庭的增长的比较。为了说明这一点，笔者将以美国为例，因为它提供了一种我们所需的良好的长期追踪数据，还因为美国的例子很好地证明了正在发生的女性革命的作用。

如果不同社会阶层的离婚率不同，那么它就会对不平等现象产生影响。笔者把过去25年间的婚姻存续率按照家庭收入五等分来划分。不同群体间婚姻稳定性的差异同样值得我们关注。十年后，30%的低收入夫妻会离婚，而相比之下，处于家庭收入五等分顶部的夫妻中于十年后选择离婚的只占15%。二十年后，这一差距扩大到20个百分点。

这种社会偏见主要影响收入分配，也可能会影响到儿童福利。正如笔者随后将要说明的那样，在过去的几十年间，高学历女性中单亲母亲的比例一直很稳定。而单亲母亲在低学历女性中所占的比例已经翻了一倍。如果低收入人群更可能离婚，并形成大量的单身人士或单亲家庭，这显然会在收入分配的底层形成一个格外脆弱的（家庭）群体。而这也很可能会影响到父母对子女的投资。

在第一章中，我们也看到婚姻选择的模式正在发生变化。传统模式中男性的“至高地位”正在下降。在美国，这种家庭类型所占的比例不足四分之一。另一方面，同质婚配（的婚姻）已经有所增长，但主要发生在收入金字塔的顶端。如果我们回到1980年，同质婚配间的收入差距并没有实质区别，但二十年后，收入五等分顶部和收入五等分底部的人群之间的收入差距已超过10个百分点。

每个地方的双职工家庭数都有所增加，但是增长速度不同。在斯堪的纳维亚国家，双职工家庭占总家庭的70%，在大部分欧盟国家，这一比例在40%~50%。在美国，这一比例的上升主要发生在20世纪80年代，从1980年的54%上升到1990年的68%；此后，这种上升趋势逐渐平稳下来。而完全依靠男性养家的家庭正在迅速减少。

在美国，收入为零的女性占所有女性的比重已经跌破20%。关键的问题在于，在以男性为主导的收入分配中，这些零收入的女性集中在哪里。在这里，我们发现，她们主要集中在（收入五等分的）顶部和底部。可以预测，这将会扩大底部和其余部分之间的差距。

事实上，如果我们宽泛地调查单职工家庭，无论该收入者是男性还是女性，都会显示出这种潜在的两极分化。在美国，处于收入五等分底部的夫妻（家庭）中，单职工家庭的比例一直保持在40%，且这一比例一直非常稳定；但在处于收入五等分中部的家庭中，单职工家庭（所占比例）有明显下降。

如果双职工家庭在收入五等分顶部中越来越普遍，这将加剧不平等问题。但是，双职工家庭的收入的影响如何，自然取决于夫妻的工作量是多少。通过再次比较被纳入收入五等分的人口的情况，我们可以发现双职工家庭占所有家庭的比重的变化趋势，以及妻子从事兼职工作的比例。

在美国，除了处于收入五等分底部的人口，夫妻二人为双职工是所有家庭的常态。这将加剧两极分化。但我们也看到，和高收入男性结婚的女性更可能是兼职员工，而那些和低收入男性结婚的女性更可能成为全职员工。这意味着确实存在一定的补偿策略，这些策略应该能减弱同质婚配及双收入带来的不平等冲击。

模拟技术提供了一种能精确描述女性收入对收入分配整体影响的方法。基本上，我们构造了一个与事实相反的情况：如果在特定的五等分人口中的女性就业情况没有改变，整体收入分配看起来会是怎样的；或者说，如果处于五等分底部的女性和处于顶部的女性的行为一样，不平等现象看起来会是怎样的。

表 2.4 的第 1 行显示了美国夫妻家庭初始基尼系数的变化趋势，模拟结果显示：在五等分顶部，女性劳动力供给对不平等起着决定性作用。如果没有过去二十年的增长，2003 年的基尼系数将下降 7%左右。

底部女性就业情况的变化可以抵消来自顶部的不平等冲击吗？为了回答这个问题，笔者做了 3 次模拟。表 2.4 的第 4 行显示，若五等分底部的女性劳动力供给保持不变，则很难改变整体的不平等程度。而第 5 行和第 6 行显示，如果五等分底部的女性和顶部或第四分位的女性一样都实现了劳动力供给上升，那么不平等程度就会显著降低 3%。如果这种情况真的发生了，它将有助于抵消来自五等分顶部家庭的不平等冲击。

表 2.4 模拟美国夫妻家庭与事实相反的劳动力供给情况

行数	供给情况	1980 年	2003 年	变化
1	初始基尼系数	0.321	0.401	24.93%
2	五等分第四分位女性劳动力供给保持不变	0.321	0.392	22.12%
3	五等分顶部（第五分位）女性劳动力供给保持不变	0.321	0.373	16.20%
4	五等分底部女性劳动力供给保持不变	0.321	0.400	24.61%
5	五等分底部的女性行为和在顶部的女性一样	0.321	0.388	20.87%
6	五等分底部的女性行为和在第四分位女性一样	0.321	0.392	22.12%

数据来源：1980—2003 年 PSID（收入动态人口研究）面板数据。

换句话说，这个模拟有力地证明了一个基本观点，即女性角色的未竟革命有可能产生很大的收入不平等。准确地说，它相当精确地指出了革命前沿将延伸至哪里。正如我们所看到的那样，在收入方面，五等分顶部的人将会超过剩余部分的人。美国的例子表明，如果底部的女性也投身于革命，其结果是，两极分化将不再那么明显。

五、两极分化和社会福利

那些已波及发达国家收入不平等的新浪潮是技能回报上升的副产品，也是低技能人群收入减少和高失业率的副产品。知识经济可能是社会两极分化的“助产士”，除非我们设法消除劳动年龄人口内部的能力差异。然而，弥补成年人的技能不足是极其困难且代价高昂的。因此，真正的目标是确保子孙后代可以拥有满足知识经济需求的技能。

当我们认识到许多与女性新角色相关的新人口发展趋势额外加剧了不平等现象时，我们面临的挑战将更加严峻。当单亲母亲更多来自社会最底层，而高收入的双职工夫妇都集中在收入较高的顶层社会时，孩子们的生活机会将受到更大影响。

首先，扩大的收入不平等影响了父母可以用来投资于孩子未来的资源。正如笔者将在第四章中详细讨论的，父辈的收入和他们后代（成人时）的收入之间存在很强的相关性，这种相关性在不平等社会中尤为明显。这告诉我们，父辈的收入不平等水平会影响儿童的阶层流动机会：不平等越严重，流动性越小（Solon，1999）。值得我们关注的是，过去几十年间，美国父母在子女支出方面的基尼系数急剧上升（从 0.54 至 0.61）（McLanahan，2004）。如詹蒂等人（Jantti et al.）于 2006 年的研究显示：代际向上和向下的流动在平等社会中更频繁，如北欧；但在美国，这种流动性特别低。同时，也有研究显示，随着 20 世纪 70 年代起不平等现象的增长，美国的（阶层）流动性在下降（Harding et al.，2005）。美国作为机会平等之地的形象正面临崩塌。

几乎在所有方面，美国比任何一个欧盟成员国都展现出了更多的不平等。因此，当我们考察不同维度的不平等如何组合时，两极分化在美国显得尤为突出，而这显然不足为奇。美国在子女养育和儿童发展方面更是如此。（美国）父母在对儿童的金钱支出方面的不平等日益加剧的同时，其对孩子的时间投资方面的差距也在扩大。受过大学教育和未受过大学教育的父母在（对孩子的）初级照料方面存在巨大差异。前者比后者多投入 33%的时间给自己的孩子［依据比安驰等人（2004）的数据计算而来］。我们在欧洲国家也发现了相似（增大）的差距。在丹麦，相同的照料差距在 21 世纪初是 27%，这比 20 世纪 80 年代大得多（Bonke and Esping-Andersen，2008）。笔者发现，在西班牙，女性和男性的受教育程度的差距分别为 10%和 25%。

在美国，单亲母亲和单亲父亲这一群体中低学历女性占比较大，我们预测，这也加剧了两极分化趋势。对国际学生评估项目测试（PISA）数据的分析——将在第四章进行更详细的讨论——相当清晰地显示了这点。在美国，单亲母亲的孩子和其他孩子之间的 PISA 数据差距超过 40 个百分点，相比之下，丹麦是 25 个百分点，在德国只有 10 个百分点。

最后，代际流动有一个固有的特点，即父母的收入和子女的收入之间的关系是非线性的（Couch and Lillard，2004），这加剧了两极分化。换句话说，这种关系在收入金字塔的最底端和最顶端异常明显。这可以用詹蒂等人（2006）关于“不流动”的数据说明：儿子保持着和他父亲处于相同收入阶层的可能性。在表 2.5 中，笔者将斯堪的纳维亚国家丹麦、瑞典与英国、美国进行了比较，而英美两国则位于国际不平等排名的前列。

表 2.5 子女和他们的父辈处在相同的收入阶层的可能性 （单位：%）

	丹 麦	瑞 典	英 国	美 国
父辈的位置：				
底层	25	26	30	42
中层	22	22	19	26
顶层	36	37	35	36

来源：詹蒂等人（Jantti et al.，2006）。

这些数字很好地反映了代际社会传承的不对称模式。在所有国家中，与其父辈保持在同一收入阶层的概率在底层和顶层中最高；“顶层”的后代向下流动的可能性被减小。如果我们设想子女的收入前景完全和其出身无关，那么我们可以预测，只有20%的“顶层子女”可以靠自己到达（或留在）顶层。特权阶层的子女显然多处于高收入阶层。然而，在表2.5中，最有趣的模式出现在五等分的底部团体中。在英美两国，尤其是美国，其低收入的代际延续性尤为强大。间接地，这些数据还显示了北欧福利国家的一个有趣的特点，即它们对平等化的追求几乎完全只对低收入群体产生效果。它们不会阻止富人（顶层）的后代从其父辈手中继承特权，它们似乎只能支持更多的人从底层向上流动。

其结果是，更不平等的收入分配可能会加剧机会结构的恶化。如果我们从收入的角度将代际流动概念化，正如表2.5所做的那样，代内的不平等程度将主要取决于两个因素：一是这一代内人力资本的金钱回报；二是之前父辈的不平等水平。反过来讲，这意味着，若要追求更加平等的机会，则需要孩子这代的工资差距更小，和/或父母这代的收入分配更加平等。因为很明显，机会平等的障碍在社会底层和顶层最为集中，这表明政策制定者应重视来自最不优越和最优越社会阶层的儿童的命运。在第三章中，笔者将尝试分析国家福利改革，特别是家庭政策方面的改革，探讨如何帮助女性减少其革命进程中的不平等后果。第四章专门探讨一个对我们来说可能是最大的挑战，即如何对我们的孩子进行最佳投资，从而削弱强大的社会继承机制造成的不良后果。

第二部分 福利国家的调整

第三章　调整家庭政策来适应女性革命

父母同时创造私人福利和集体福利。反过来，他们能否做到这点，则取决于社会如何支持家庭。人们想生的孩子的数量和实际的出生率之间的鸿沟越来越大，这被公然解释成家庭自身和它们所处社区的福利失败的例子。因此，许多发达国家的新的低生育均衡给政策制定带来了极为重大的挑战。

借用加里·贝克尔分别用来描述孩子数量和质量的术语来看，一个最佳的政策既需要解决 n（数量）的问题，也需要解决 q（质量）的问题（Becker and Lewis，1973）。这样的政策至少需要考虑四个方面的问题：第一，最初为人父母所遭遇的障碍；第二，父母对孩子进行投资的不均衡的能力；第三，母亲的就业对孩子成长结果的影响；第四，孩子接受家庭外的照料带来的潜在收益。笔者将在第四章谈及与孩子的质量有关的问题。在这一章，笔者主要关注 n（数量）的问题，考察她们生育孩子面临的两难困境。

西方文明将家庭视为隐私和亲密关系的庇护所，是“一个无情的世界里的港湾”，是外在的权威所不能干涉的。但自从现代家庭在多项福利指标上表现不佳后，大众对家庭政策的作用和目标就经历了一个根本性的重估。基于合法性的原因，家长式的方法毫无疑问是失败了。无论如何，主要的问题不是人们做错了，而是他们在追求实现自己的偏好时遇到了很大的障碍。同样地，以鼓励生育的意识形态为前提的政策也不可能有多大影响，因为我们遇到的问题不是人们不想要孩子。真正的挑战是，我们要推出一系列政策，能使家庭在实现它们私人愿望的同时也可以产生公共利益。

家庭可以创造出非常重要的社会外部性。科勒夫马肯（Klevmarken，1998）对瑞典家庭中生儿育女所需要的平均费用做了个保守的计算：大概在2.2万美元到2.9万美元之间。对其加总后，相当于GDP的20%。在美国，我们估计一个普通孩子一生的社会价值相当于10万美金（Preston，2004）。毫无疑问，围绕这个均值，有许多离散值。优秀的孩子所产出的大量回报，势必比得过养育失败的孩子所花费的潜在巨大净成本。举个例子，在美国，关一年禁闭的代价大约是5万美金。贫穷是造成失败的一个因素。最近的计算显示，美国儿童贫困的社会成本相当于GDP的4%，主要原因是贫困会影响学习成绩、健康和造成犯罪。①

人口老龄化意味着生育最大化有了一个不断上涨的附加费用。很明显，满足生育最大化的目标也变得日益困难，生儿育女已经越来越难和其他目标相容了。要解决现代的生育问题，我们首先需要承认偏好和现实之间有着巨大的鸿沟。从多个研究中我们得知，人们大体上倾向于养育两个孩子，在几乎所有国家，人们倾向于养育2.2~2.4个孩子（Sleebos，2003）。而实际的出生率和这个倾向之间的差距从“大”到“相当大”不等。在南欧，生育率似乎卡在1.3（有些地区是0.8）了，在欧盟，平均值是1.5。北欧国家以及法国、爱尔兰和英国占据欧洲生育率的高端（大约1.8）；美国的生育率是2.1，但这在生育方面是少见的情况。② 如果像大多数国家所明显展现的那样，人们无法组建他们向往的家庭，那么我们可以由此断定，其问题在于福利匮乏。如果普通家庭最后只有不超过1.3个孩子，那么我们的人口规模将会急剧萎缩。

一、家庭和福利制度

如果不采取一种“福利制度方法”，我们将无法正确理解福利国家面临的挑战。从民众或社会的角度来看，我们的福利不可避免地来自家庭、

---

① 可参考城市研究所的哈利·霍尔策（Harry Holzer）于2007年1月24日在内务委员会所做的题为“方法和措施”的报告。

② “超低生育率”综合征也扩散到了东亚和拉美国家。巴巴多斯和古巴的生育水平为1.5~1.6，与欧盟的平均水平相似。智利的生育水平在过去几十年内稳步下降，目前处于2.0，略低于美国的水平。

市场和政府的联合投入。确实，对大多数人来说，在他们生命的大部分时间里，他们所接受的福利主要来自家庭和市场。我们从市场中获得大部分收入，从家庭成员那里获得大部分的社会支持。从一个生命周期的视角来看，福利国家真的只有在我们很小或很老以及运气不佳时才发挥显著作用。

这三种福利支柱彼此之间相互影响。如果市场不管用，我们就会向家庭或政府寻求帮助。市场的失灵将导致许多基本的需求无法得到满足，其中一部分是因为价格很高，另一部分是因为信息失败——我们仅仅是缺少能让我们做出明智选择的信息量而已。巴尔（Barr，1998）提出了非常有力的证据来证明信息的重要作用。例如，大部分病人缺少足够的信息去选择他们所需的治疗类型，也没办法找到能获得最好治疗的地方；再如，大部分父母缺乏相应的知识，无法在各种教育方案中为他们上幼儿园的子女进行选择。巴尔认为，这些证据证明我们需要一个强有力的福利国家。

最经典的市场和信息皆失灵的例子是医疗和教育。随着女性革命的发展，人们对儿童照料和老年照料的需求不可避免地增加了。处于中等收入水平以下的家庭，通常负担不起商业化的照料服务。曾占主导地位的家庭照料不再现实，因为潜在的、可用的家庭照料者迅速减少。家庭正日益“失败”，因为女性的传统照料者的角色被淡化了，并且代际同居的情况也消失了。男性对家庭生产增加的贡献可能会有一个补偿作用。但正如我们在第一章中看到的，男性不可能完全填补女性在家务劳动中下降的部分。

因此，现代社会正面临福利逐步失败的问题。这个问题如此之严重，以致市场和家庭都无法对社会需求做出充分的回应。对体弱长者的照料是个很明显的例子，因为商业的住家服务非常昂贵，且传统情况中由不外出工作的长女充当照料后备力量的情况消失了。于是存在一个双重的福利失败，而唯一合理的替代性方案就是（加强）福利国家（的支持力度）。但除了极少数的国家外，在大多数地方，政府在提供家庭服务方面仍然处于相当边缘的地位。而继续坚持家庭主义的政策将会产生更大的福利空白，这会对经济效率造成负面影响。如第一章所指出的，如今女性一般比男性受的教育更多。因此，如果女性被束缚在家庭照料的义务上，家庭和社会就失去了一个收入来源，而这个来源的规模可能是巨大的。

在现代福利国家的早期阶段，处处都以“家庭主义”为前提。第二次世界大战后的社会政策假设家庭是“男性去挣钱—女性为主妇”的模式，这也解释了为什么直到非常晚近的时期之前，福利国家仍一直倾向于维持收入政策，而在提供有利于儿童或体弱老者的社会服务方面发展得十分不足。只是从 20 世纪 70 年代以来，北欧国家——随着女性就业的兴起——开始将家庭服务放在优先地位。在北美和英国，政府反而鼓励市场作为替代性方案来解决上述问题，这一方案是通过减税来实现的。可能除了比利时和法国，欧洲绝大多数福利国家的儿童照料服务并不质疑家庭主义的原则。

因此，大多数发达国家都面临着矛盾日益加剧的状况，因为尚未出现相应的家庭政策改革来适应正在发生的女性革命。我们这个时代的一个吊诡之处在于，家庭的形成对家庭主义的社会政策可谓深恶痛绝。欧洲大部分国家的生育率的急剧下降以及无孩率的上升在受过高等教育的女性中表现得尤为明显，这与育儿服务的缺失有关。同步地，家庭服务的缺乏压制了女性就业，尤其是受教育程度较低的女性的就业。意大利和西班牙明显是这种矛盾的两个代表，在这两个国家中，低出生率和受压制的女性就业两种现象并存。

对于女性来说，无法调和母职和事业的矛盾这一问题将促使她们在以下两者中进行选择：要么选择养育孩子，要么选择追求就业、自主和更高的家庭收入。从社会的层面上看，这一选择会转化成两种次优情形中的一种，即一个无孩的“低生育率均衡”或一个“低收入—低就业均衡”。

二、给政策带来的挑战

家庭仍是社会的基石，但挑战在于如何制定支持它的政策。家庭的表象日益多样化，这对孩子的福祉也十分关键。因此，如笔者在第四章中将要讲的，保证孩子免受经济剥夺的政策是必不可少的。更普遍地，养孩子的成本在增加——孩子的正外部性也如此。我们需要设计出一项政策，能保证孩子平等享受养育成本和福利。

第三个结果是我们必须将“母职惩罚”（penalty of motherhood）最小化。这预示着母职和事业之间的调和，但如果我们认为标准的“母亲友好”政策就足够了的话，我们就错了。一些主要的障碍隐藏在劳动市场中，尤其是有关工作灵活性和安全方面的阻碍。但针对这些问题的政策又很容易产生新的两难问题。最后，我们几乎可以肯定地下结论说，要获得积极的均衡，必须使男性的生命历程“女性化”。

（一）支持家庭

人口学家用“第二次人口转变”这一术语来描述一个少子化，家庭更小、更不稳定的长期趋势。一些人将其解释为一个迈向后现代价值观的转变，因为这一价值观将个体的自我实现放在比父母责任更重要的位置。如果这个理论是正确的，我们将会面临一个非常可怕的未来，但在政策上却不会受到什么挑战。若我们更仔细地审查一下，就会发现这一价值观的根基并不稳固。举两个例子。在20世纪八九十年代，瑞典的出生率表现得像过山车一样，从1980年的1.5升到1990年的2.0，然后在20世纪90年代晚期又降到1.6。这意味着瑞典先变得不那么后现代，之后又变得更后现代吗？或者我们观察一下会发现，法国的生育率是1.8，而意大利的生育率是1.2，那么我们能下结论说意大利人比法国人更后现代吗？

正如前面已经提到的，欧洲的民众仍然倾向于养育两个孩子。最让人惊奇的是，从芬兰到葡萄牙，从英国到希腊，大家都认为应如此，没有差别。适龄的成人平均想要2.3个孩子，但随着回答者年龄的增加，人们想要的孩子数量有某种下降的趋势。这可能是因为人们成熟了，也变得更现实了，也可能是因为人们屈从于既成的事实。

低生育率会加速人口老龄化。当所有其他因素如迁移都一致的话，生育率的极小的差异都会对长远结果造成巨大的影响。当总和生育率在1.9的水平时，一个世纪内人口仅减少15%；但当总和生育率在1.3的水平时，一个世纪内，人口规模将缩减至之前规模的四分之一（McDonald，2002）。例如，西班牙的人口规模将降至1 000万。相比而言，法国的人口规模将缩减至该国目前人口的85%。而仅仅因为生育率的差异，西班牙2050年的老年抚养比将增至原来的138%，而瑞典只会上升36%。相关的宏观经济后果更不是小事。有人预计，老龄化和人口减少将在未来的几十年内使得欧盟国家的GDP增长每年下降0.7%（Sleebos，2003）。

为政策计，我们需要知道“少子”背后的原因是什么。传统的生育理论强调了两个因素：其一，和生育有关的决定取决于（男性）养家者的挣钱能力；其二，如果女性需要在可获得的收入方面付出很大的机会成本，她们将选择养育更少的孩子。[①] 这解释了为什么传统上受教育程度较低的和不活跃的女性倾向于选择养育更多的孩子。但这个理论在现代社会中有些解释不通。首先，跨国数据显示“就业—生育”存在正相关关系。生育率最高的国家有（相对）最多的女性选择就业，反之亦然（Ahn and Mira，2002）。其次，虽然在大多数国家中受教育程度较低的人群的生育率仍然比其他人群要高很多，但在斯堪的纳维亚国家，情况不再如此。事实上，在斯堪的纳维亚国家，受教育程度最低的女性的生育率最低，而拥有大学文凭的女性的生育率最高（Esping-Andersen，2002）。

所有人都会同意，如今生育率的关键在于女性的新角色，尤其在于女性对终身就业的接受（McDonald，2002）。正如北欧国家所显示的那样，事业并不必然与母职相冲突。无论如何，那些想通过引导女性从劳动力市场上退出而提升生育率的政策大都适得其反。正如笔者将在第四章中指出的，贫困是影响孩子出生的大问题，而母亲就业却不是。当母亲就业时，儿童贫困现象会大幅度减少，因此我们必须将母亲就业看成一个对提升生育率有利的因素。此外，在老龄化社会中，财务的可持续性在很大程度上依赖于我们有多大能力能引导女性就业。好消息是，越来越多的女性认为应该拥有自己的工作，并保持经济自主。

因此，对孩子的渴求必须和女性的新角色结合起来。生育研究方面的最新进展表明，女性的育儿决定和过去非常不一样了。首先，男性配偶的挣钱能力在过去具有十分重要的作用，而现在却变得不再相干了。代替它的是一系列和女性就业状况相关的因素。除非女性在劳动力市场上获得了

---

① 霍茨等人（Hotz et al.，1997）对生育理论和研究做了一个非常好的回顾。

稳定的立足点，否则她们是不愿意要孩子的。预期的母职带来的机会成本有更重要的影响，她们所感知的母职和职业目标之间的协调问题，以及她们对独立自主的坚持也起到了重要作用。

机会成本，或者更普遍被使用的术语“孩子惩罚”，可以被定义为一位女性如果选择不做母亲所能带来的潜在的终身收入。如果孩子的数量增多，或一位母亲待在劳动力市场之外的总时间增加，“惩罚”也将明显升高。这个惩罚将两个部分组合起来。第一个部分是因产假而中断工作期间失去的工资。以一生的长度来看，这个损失可能比较小，尤其是当产假期间也可享受全额福利（补偿工资）时。当然，如果一位母亲中断工作的时间变长，这个损失也有可能变大。第二个部分也是更严肃的部分，代表着因人力资源贬值和因工作间断导致的失落对工资的长期影响。现代的“孩子惩罚”因女性背景的不同而具有极大的差异，并且国与国之间也不同（Waldfogel, 1998; Harkness and Waldfogel, 2003; Rake, 2000; Sigle-Rushton and Waldfogel, 2004）。

“孩子惩罚”随着母亲挣钱能力的上升而增加，这是毫无疑问的。受过高等教育的女性因其终身收入曲线更陡，所以可能受到的“孩子惩罚”最高。但受过高等教育的女性通常更热衷于事业，因此她们选择通过生更少的孩子、将产假缩减到最短以及推迟生育等手段将“孩子惩罚”降到最低。她们的更高收入也允许她们购买儿童照料服务（Blau，2001）。受教育程度不同的女性的行为差异解释了为什么受教育程度较低的女性通常要承受更高的“孩子惩罚”。瑞科（Rake，2000）对英国的研究显示，在过去几十年里，受过高等教育的女性已经极大地降低了她们所受的“孩子惩罚”，而与之形成鲜明对比的是，受教育程度较低的女性延长了在劳动力市场之外的时间。显然，后者重返工作的机会将变得更少。

如下因素对“孩子惩罚”具有决定性的作用：母亲行为上的反应、有关产假的政策，以及是否可以获得负担得起的儿童照料服务。而这些因素如何组合，对解释国际差异大有帮助。为了证明这一点，西格尔-拉希顿和瓦德福格（Sigle-Rushton and Waldfogel，2004）将目光放在位于中值位女性的情况上。他们发现，德国女性的“孩子惩罚”特别高。毫无疑问，这与德国女性有着非常长的职业间断期有关。贝布劳和伍尔夫（Beblo and Wolf，2002）的研究发现，在职业间断期内，德国女性的人力资源每年贬值30%。在另一个极端，斯堪的纳维亚国家（的女性）被发现“孩子惩罚”非常低；这得益于慷慨的福利国家对已育女性的支持，以及立法保障了已育女性在产假结束后重返原来工作岗位的权利（Datta Gupta and Smith，2002）。

因为缺乏公共的儿童照料的支持，美国女性和南欧女性一样，在母职—事业的调和方面面临着一个更不友好的环境。但瓦德福格（1998）的研究显示，美国女性在过去几十年里极大地降低了“孩子惩罚”，而她们使用的主要方法是缩减休产假的时间。

如笔者在第一章中已提到的，在斯堪的纳维亚国家，已育女性的就业水平和未育女性的就业水平是相同的。而在其他地方，由母职造成的已育女性与未育女性的就业差距是相当大的，如从爱尔兰的15%的差距到美国的3%。但为了确认职业中断存在的潜在机会成本，我们应该将焦点放在有学龄前孩子的女性身上。在这种情况下，斯堪的纳维亚国家的女性的就业差距基本仍然是零，但英国的这一差距扩大到23%，德国为20%，美国为16%（OECD，2006）。换句话说，斯堪的纳维亚国家的女性在“父母假”结束后马上重返职场。有很明确的证据表明，兼职工作有利于减少在终身收入方面的惩罚，尤其是在已育女性随后立即重返全职工作的情况下（Beblo and Wolf，2002）。在其他国家，数量可观的少部分女性仍然在很长一段时间内游离于劳动力市场之外，这绝大多数是受教育程度较低的女性。

表3.1说明了丹麦和西班牙“孩子惩罚”的幅度，这两个国家代表了这一范围的两个极端。像德国一样，西班牙的已育女性中断就业的时间远比丹麦长。表3.1的数据来自平均中断月数对终身收入惩罚的影响程度的模拟。这一模拟以育有两个孩子的女性为样本。

表 3.1 20 世纪 90 年代两孩母亲的终身收入惩罚模拟

	平均就业中断/月	总的终身收入惩罚/%
丹麦		
所有女性	9	5.0
受教育程度较低的女性	20	9.0
西班牙		
所有女性	46	20.0
受教育程度较低的女性	50	21.0

来源：欧洲共同体住户调查小组© 欧共体 1994—2009 年。

笔者在这里对丹麦“孩子惩罚”的估计和我们从前人研究中看到的是一致的，即都很小。这甚至是受教育程度较低的女性的情况，而她们平均中断就业的时间是普通女性（9 个月）的两倍多（20 个月）。西班牙女性中断就业的时间要长得多，因此她们的终身收入惩罚是丹麦普通女性的四倍。我们注意到，在西班牙，受教育程度对就业中断时间的长短影响非常小。

损失的收入直接影响了家庭收入，也影响了国家经济。帕斯夸（Pasqua，2001）的模拟研究指出，如果西班牙的女性采用丹麦女性的就业模式，西班牙的 GDP 会增加 15%（政府的税收会增加 10%～12%），这显然不是个小数目。

如前所述，推迟生育头胎会将母职的机会成本最小化。它允许女性用更多的时间来巩固事业，并使收入惩罚减小。这里要说的是，如果生育发生在年龄—工资曲线的上升部分，生育中断所导致的终身惩罚会大得多。推迟生育这一现象在所有国家都很普遍，但在事业—母职最难调和的国家里，推迟生育的情况最为严重（Gustafsson and Kenjoh，2004）。因此，毫不奇怪，西班牙高居推迟生育榜单榜首，其女性生育头胎的平均年龄是 31 岁。

如果女性后面能“赶上来”的话，推迟生育并不会如定义所示导致低生育率。在丹麦和意大利，女性生育头胎的年龄都是 29 岁，但丹麦的出生率比意大利高 50%。我们并没有发现这两个国家存在更多的无孩的情况，尤其是在受过高等教育的女性中。基本上，问题应归结为现有条件是有利于还是不利于生育第二胎以及更多胎。众所周知，对于有一个孩子的女性来说，生育—事业的调和问题没那么难解决；但多了两个孩子之后，问题将会立刻增加。在北美与斯堪的纳维亚国家，以及在法国和英国，半数以上的女性最后育有两个或更多的孩子；而在意大利，这一比例只有40%。表3.2展示了一些欧洲国家的“赶上来”的模式。它描绘了一种基本的双模态模式，包括德国和地中海国家在内的一组国家，其选择生育第二个孩子的概率都很低。

表3.2 无孩和头胎后五年内生育二胎的比率（Kaplan Mayer 风险率估计）

国家	女性到40岁仍无孩的比率/%	头胎后5年内生育二胎的比率/%
丹麦	12	38
法国	9	42
德国	15	26
意大利	17	25
荷兰	20	51
西班牙	17	24
英国	17	43

来源：欧洲共同体住户调查小组© 欧共体 1994—2009年。

因此，有大量文献显示生育率已经“赶上来”了，并达到了符合子女数量偏好的前提条件。不足为奇的是，人们将大部分注意力放在儿童照料和产假上。儿童照料有利于将因生育而引起的工作中断最小化，是降低机会成本的最主要的方法。没有补贴的优质儿童照料服务非常昂贵，全天托儿服务的价格通常为400～500欧元/月。这意味着低收入家庭被从这个（消费）市场中排斥出去了，本质上也暗含着对女性劳动力供应征收累退税。有实证研究证明，（提供）儿童照料服务能够提升生育率（Blau and Robins，1989；Del Boca，2002；Aaberge et al.，2005）。克拉夫达尔（Kravdal，1996）发现，挪威在儿童照料服务（方面的财政投入）翻倍后，其总和生育率提升了0.1个百分点。库德森（Kudsen，1999）估计，丹麦的全民儿童照料（政策）将总和生育率从1.5提升到1.8。这些都是很重要的影响。

产假的影响更不确定一些。如果产假太短，许多已育女性干脆选择舍弃工作，以在家待更长时间。但如果产假极长，同样的事情（即舍弃工作）也会发生（Gauthier and Hatzius，1997；Billari et al.，2002；Esping-Andersen，2002；Gornick and Meyers，2003；Del Boca，2003）。在典型的欧盟成员国，带全薪的产假只有四个月，而且通常因缺少可负担得起的儿童照料服务而使已育女性无法重返职场。即使她们重返职场，她们更可能选择做半职工作。

甚至有更多强有力的证据证明，儿童照料服务可促进已育女性就业。美国的研究发现，降低儿童照料服务的价格会使已婚母亲的就业率上升14%，而这对单亲母亲的影响更大（Blau，2001）。

（二）迈向有效的调和政策

一个有效的家庭友好政策的基本要素有哪些？考虑到养育孩子的金钱成本如此之高，通过儿童津贴的方式对其父母进行收入支持是很重要的。根据经验，每增加一个孩子，就意味着家庭消费要增加20%。在这个方面，福利国家的慷慨度大为不同，法国和北欧国家最为大方。与斯堪的纳维亚国家给每个孩子相同福利的原则不同，法国不给头胎的孩子津贴，而二胎及之后的孩子会得到额外补贴。斯堪的纳维亚国家的政策暗含的信息是：所有孩子的价值都是相同的。而法国的政策则暗含着一种鼓励生育的倾向，对第三个出生的孩子赋予更高的价值，而不给第一个出生的孩子赋予价值。

结果，很少有证据证明给有孩家庭的收入支持会对出生率造成重大影响——可能除了法国的第三孩额外津贴之外（Gauthier and Hatziums，1997）。发放儿童津贴的正当理由在别处。儿童津贴确实抵消了（父母）养育孩子的部分成本，同时它是对孩子也应享有集体福利这一论断的正式承认。如果是这样的话，从平等的角度来看，其有利于父母的再分配是正当的。如果我们要接受这一点，认为它是家庭津贴背后的主要动机，政策在原则上就应该对所有的孩子一视同仁。

这一问题的症结在于工作—家庭冲突。冈纳和阿尔瓦·米达尔（Gunnar and Alva Myrdal）在20世纪30年代的作品是这方面的先锋。他们想当然地认为工人阶级的女性不得不出去工作，并担心这会对生育率产生非常负面的影响。因此，他们认为存在这种两难情况：如何保证身处职场的女性也愿意生孩子呢？如今的讨论不会有很强的鼓励生育的倾向，我们现在会采取的措辞大概是“如何保证想生孩子的职业女性不用牺牲她们的事业”。

因为现在大部分女性生育的前提是要有安全的、稳定的就业，所以失业的高风险和工作不稳定成为女性为人母的最大障碍。有非常有力的证据证明，当女性仅签有临时工作合同或失业时，生育率会下降。相反，女性在公共部门就业会提升其生育率（Esping-Andersen，2002）。通过分析欧洲共同体住户调查小组的数据发现，有稳定就业合同的女性生孩子的可能性是那些签临时合同的女性的两倍。非常典型的现象是，公共部门的工作提供了更多的安全感和灵活性，这是在福利国家公共部门就职的女性生育率要高得多的原因。这一发现反之也成立。不少女性选择在公共部门就业，并以此为手段将不确定性最小化、将调和最大化，即使这意味着她们要在工资上做些牺牲。

最后，男性配偶成功地成为赚取家庭收入的主力，可能对生育决定的影响不那么关键，但这并不一定意味着男性对生育率毫无影响了。最近一项有趣的研究发现，男性对家务劳动的贡献，尤其是对孩子照料的贡献（对生育率）的影响变得非常显著：女性决定是否生孩子的前提是她们能否指望丈夫帮忙降低她们为人母的机会成本（Cooke，2004；Brodmann et al.，2007）。女性规劝丈夫代替自己做某些家事的能力很大程度上取决于她们在伴侣关系中的议价权力。斯堪的纳维亚国家的女性相对较高的地位有利于其在家务承担方面形成更大程度的性别平等。对南欧的早期研究发现，传统的性别态度使得已为人母的女性不可能拥有任何讨价还价的权力（Alvarez and Miles，2003）。但如我们在第一章中所看到的，最近的数据显示，“性别实作”正在下降，西班牙也是如此。女性讨价还价的权力的提升与男性在家务方面的贡献率的极大上升有关，也与女性在家务劳动和照料孩子方面的负担有更大幅度的降低有关。

这里有一个例子可以证明男性生活的“女性化”将如何产生较好的福利结果。很明显的是，“性别实作”在受教育程度较低的夫妻群体中更加根深蒂固。在这种情况下，忠于事业的女性手中的“选择单”很容易变成一个零和游戏，不论是在婚姻还是在母职方面，皆是如此：她们要么被迫接受很重的“事业惩罚”，要么被迫彻底放弃婚姻和育儿。①

如果男性对家庭生产的贡献是解决女性面临的两难问题的有效方法，我们就不需要福利国家的干预了。但这既不现实，也不公平。首先，父亲对孩子照料或家务劳动的投入因受教育程度的不同而极为不同。受教育程度较低的男性更倾向于遵循传统的性别规范（Ferree，1990；Bianchi et al.，2006）。其次，父亲对孩子照料的投入和家庭外的照料存在正相关关系。也就是说，如果这个家庭有渠道或有能力在外面雇用需要付薪的照料者，或者其他家庭成员可以帮助进行照料，父亲会贡献更长的照料时间（Bonke and Esping-Andersen，2008）。第一章里呈现的西班牙时间使用分析正好揭示了这样的模式。因此，我们可以下结论说，公共支持不仅变成了生孩子的前提条件，也变成了更大的性别平等的条件。

总之，发达社会里家庭的形成似乎在质上受到了一套新规则的影响。女性在掌控经济资源和行使自主权力方面取得了一些进展。对丹麦和西班牙的比较可以证明这点。在丹麦，绝大部分（83%）55岁以下的夫妻的结合是建立在新的双职工、双事业准则的基础上的。普通的丹麦女性对总的家庭收入的贡献是43%。在女性革命远未完成的西班牙，双职工夫妻只占所有夫妻的39%；女性对家庭收入的贡献要低得多（25%）。② 这会造成两国女性在家庭议价权力上的极大不同。我们可以得出一个结论，即如果传统的性别规范仍然在家庭中盛行，女性会越来越不愿意成为母亲。倘若如此，以提高出生率为目标的政策也需要加强女性在家庭中的议价权力。有趣的是，家庭津贴可以达到这样的效果。研究显示，当提供给家庭的公共补贴是转在女性名下并汇入她们的户头时，她们的议价权力会得到

---

① 哈基姆（Hakim，2003）在比较英国和西班牙女性时也注意到了这个特点。

② 该比例是笔者从欧洲共同体住户调查小组的数据（2001年版）中推算出来的。

显著提高（Lundberg, Pollak and Wales, 1997）。

标准的"母亲友好的"政策应包含一个中立的、个体化的税收制度，带薪的、确保工作可以被保留的产假及父母假，以及可以得到补贴的儿童照料服务。联合税收制度削减了女性的收入，并且具有歧视性。可负担得起的、高质量的儿童照料服务是所有可行的未来均衡的要素。

儿童照料的成本和对母亲参与就业征收的累退税是等价的，理解这一点很重要。高质量的商业照料服务很昂贵，大部分家庭被排除在外，这就形成了一种很强的社会偏见，大众认为收入低的已育女性可能会更容易减少就业——但是这些已育女性的收入对家庭福祉来说非常关键。传统的家庭主义的解决办法是请祖父母照料孩子，这是一个越来越不现实的选择，因为祖父母们可能也需要去工作。女性革命的进程和"婴儿潮"一代的到来几乎是同时的。这一代人现在正进入当祖父母的年纪，但处在一个祖母可能出去工作的环境下。就儿童照料来讲，这将有两个影响：祖父母的帮助在减少，子女对年老体弱的父母的照料也在减少。

从欧盟最新的 SHARE 数据来看，我们现在能够很好地确定代际照料的数量级。① 从表 3.3 中可以明显看出，这些国家代际互动和照料的频率（发生率）都很高。在典型的欧洲国家，半数的祖父母参与照顾孙辈。而反向照料（即子辈照顾父辈）的频率要低一些，主要是因为大部分年老的父母都能照顾自己。令人颇为惊讶的是，照料的频率和强度呈负相关关系。在丹麦，祖母可能在外面有工作，所以其照料孙辈的频率相当高（60%），但强度很低（平均每周 7.3 个小时）。子辈对父辈的照顾也是如此。总之，在丹麦，其照料频率远比其他更为"家庭主义"的国家高，但同样，照料强度要低得多。意大利代表着另一个极端——祖父母对孙辈的照料频率很低（44%），但当他们出手照料孙辈时，其强度几乎和正常的工作一样（每周 27.8 个小时）。在意大利和西班牙，甚至是在法国，日间照料服务持续匮乏，再加上学校开放时间和正常的工作时间严

① SHARE 调查是由欧洲共同体发起的，它建立在一个追踪设计的基础上，目的是追踪人口变老和进入退休的过程。它最有意思的特点之一是聚焦于代际关系。

重不同步……以上种种皆意味着家庭要承担强度很高的照料劳动。[①] 在南欧，如果一个人面临着非常沉重的负担，他有可能由原来的提供较低频率的照顾转为根本不愿意照顾了。这暗含着一个逻辑，这个逻辑和父亲照料孩子的行为逻辑非常相似——他们在孩子上日间托儿所时才想投入更多的时间去照料孩子。

表 3.3 家庭主义的两副面孔

	频率/%	强度/（小时/周）
孩子照顾年老的父母		
丹　麦	20	2.6
法　国	12	9.3
意大利	12	28.8
西班牙	12	16.0
祖父母照顾孙辈		
丹　麦	60	7.3
法　国	50	14.3
意大利	44	27.8
西班牙	40	25.7

来源：欧洲健康、老龄化及退休调查（Survey of Health, Ageing and Retirement in Europe, SHARE）数据。

这些发现告诉我们，家庭主义远未绝迹。但比较现实的评估将告诉我们，在未来几年，当女性革命在欧洲其余的地方接近尾声时，家庭主义在协调事业和母职方面的效果将会持续下降。这意味着我们必须找到一个能使人们全面享有且质量高的儿童照料模式。在欧洲许多地方，幼儿园普遍接收 3～6 岁的幼儿，即使不是全覆盖的，接收的比例也相当高。但最大的挑战是对 3 岁以下幼儿的照料。

母亲在幼儿 1 岁以前通常都会休产假，除此之外，斯堪的纳维亚国家为有 3 岁以下幼儿的家庭提供的日间托儿服务基本上实现全民化了。在另一组国家，包括比利时、荷兰和美国，0～3 岁幼儿日托服务的覆

① 在此要特别感谢马尔科·阿尔伯蒂尼（Marco Albertini）提供的这些数据。

盖率大约是 30%。在南欧以及奥地利和德国，0~3 岁幼儿日托服务的覆盖率则低于 10%（OECD，2007）。

要通过补贴实现 0~3 岁幼儿日托服务的全民化，费用自然不便宜，尤其是我们的目标是成立高质量的机构的话——笔者将在第四章提出高质量的日托机构是儿童发展的关键。市场提供的高质量的儿童照料服务，其价格超过了大部分家庭的承受范围，这是为人们所公认的。在美国，幼儿入托率出乎意料的高，这是因为所有的儿童照料机构都是私立的。0~3 岁的幼儿接受日托服务的比率约是 30%，超过 70% 的幼儿园适龄（3~6 岁）儿童进了幼儿园（OECD，2007）。在很大程度上，这样的覆盖率是通过一个高度分化的价格结构来实现的。对低收入家庭来说，儿童照料服务每年花费它们 1 000 美元，而中产阶级家庭则要花费 3 000 美元（Mayers et al.，2004）。但美国的价格结构对政策来说是一个有问题的标杆，因为这些价格反映了质量差异。正如许多研究所显示的那样，美国只有一小部分日托服务符合最低质量标准（Blau，2001；Mocan，2007）。默坎（Mocan，1995，1997）估计，要将日托服务的质量从“中等”提高到“良好”，需要在每个孩子身上花费 240~320 美元。这就使得美国日托服务的价格几乎和上述欧洲国家的价格相同。

我们可以从美国经验中学到一个非常重要的教训，即市场标价提供了一个非常不完善的有关质量的信号。正如默坎（2007）所提出的那样，其问题在于信息失败。父母缺少必要的信息来对标准做出良好的判断，这导致了儿童照料市场的逆向选择。由于平等和效率同样重要，所以一个由市场驱动的儿童照料政策可能是极为次优的。如果我们坚信所有的孩子都应该平等地获得相同质量的儿童照料服务，如果我们的目标是保证公平最大化，那么市场模式是不可能节约任何成本的。

下面来看看我们可以从政府驱动模式中学到什么。瑞典政府提供了可谓世上最慷慨的安排，即补贴了所有儿童照料服务费的 85%；丹麦政府则没那么大方（补贴了总费用的 66%），但它能提供全民服务，收入低的父母还可免费得到日托服务。对政府财政来讲，整个补贴只占 GDP 的 2% 以下，即使这包含了为所有 0~6 岁的孩子提供的服务。为 0~3 岁的孩子提供的日托服务所耗费的费用大概是0~6岁孩子的一半。在丹麦，用于儿童照料支持的公共支出是每个孩子8 000美元，超过了所有其他OECD国家（挪威和瑞典占第二位，大概为每个孩子支出6 000美元）。这个相对较高的花费，很大程度上是因各处异常高的质量标准所造成的：在日托机构，儿童—员工比是3∶1；这一比例在学前机构是7∶1。并且，丹麦政府要求日托机构和学前机构的员工必须受过大学同等水平的教育培训（OECD，2007）。我们需要正确、全面地看待这个问题，挪威日托机构的儿童—员工比是8∶1；在西班牙，学前机构已经很普遍了，其儿童—员工比是25∶1。

如果我们的目标是保证事业—母职调和的最大化，丹麦的政策可能是我们能采用的最好标准，因为它同时考虑了事业和母职两个方面。一方面，它确保了所有育有幼儿的母亲能保持就业。正如前面所讨论的，丹麦已育女性的终身收入惩罚是最低的，因为所有已育女性在产假后都能重返职场。另一方面，丹麦的日托服务实际是覆盖全民的。据最近的官方数据统计，1~2岁幼儿的入托率在85%左右。

丹麦的已育女性通常会在孩子满1岁之前带薪休产假，然后回到工作岗位——最初有短暂的半职时期，之后会重返全职工作的状态。福利国家的财政负担可能显得相当大，但可以明确的是，这个政策的成本效益是非常高的。有两个原因：第一，笔者将在第四章中探讨，全面覆盖的高质量托育机构会在孩子的学前准备和学业成绩方面产生一个很大的红利；第二，儿童照料的初始成本必须在长期变化的背景下测量。我们知道，与生育有关的长期职业中断所造成的终身收入损失是巨大的。根据经验，一位中断就业五年以照顾幼小孩子的女性，终其一生比她不中断就业要少挣40%的薪水。当然，这也意味着该女性终身可向国家财政缴纳的税也少多了。依据对丹麦的估算，笔者预测，那些享受儿童照料补贴的女性，最后皆通过她们更多的终身收入和纳税偿还了起初享受的（带利息的）补贴。如果最初的补贴达到7.285万欧元，而政府的额外纳税收入是11万欧元，那国家财政就获得了43%的回报（见表3.4）。

表 3.4 动态核算：提供日托服务所产生的成本和回报 （单位：欧元）

假设： 母亲，30~35 岁，有两个孩子； 她没有中断就业（除了一年产假）； 她的薪水是平均薪水的 67%； 她将持续工作到 60 岁	
政府的成本	
两年在托儿所（×2）	= 24 000
三年在学前班（×2）	= 48 850
总计	= 72 850
母亲的获益	
(a) 5 年全薪	= 114 300
(b) 无工作中断的终身工资收益	= 200 100
总计	= 314 400
国家财政的收益	
从（a）获得的额外税收	= 40 000
从（b）获得的额外税收	= 70 000
总计	= 110 000
减去原花费的 国家财政净回报（110 000 - 72 850）	= 37 150

有必要强调一下这些估计的保守本质。它们是建立在对一个低收入母亲的估算的前提下的，这个母亲仅能挣平均收入的三分之二（67%）。既然每个孩子的幼托成本是一样的（除了贫困家庭，因为在这类家庭中父母要分担的费用是被免除的），就政府的财政考虑来看，挣平均工资或在平均水平以上工资的母亲们，其情形是比低收入母亲更为有利的。许多人可能反对这种推理，他们认为对高收入家庭进行补贴代表着一种无谓的成本，因为它们大可以自掏腰包购买相同的服务。这种无谓的成本，无论大小，在任何情况下都应该放在可能发生次级后果的背景下测量，也就是说，富人可能选择私立部门的照料服务。这会造成的一个后果就是，公共机构成为低收入家庭聚集的贫民窟。正如默坎（2007）所坚持的那样，如果日托市场因信息失败而有严重缺陷的话，那么政府就有很充足的理由采用覆盖全民的公共供应了。

笔者将在第四章中指出，如果被补贴的儿童照料也是对儿童学习能力的一个有效投资，它将产生更大的收益。因此，有两个主要的论断赞成福利国家出手支持儿童照料。考虑到商业的儿童照料服务是变相地对女性就业征收累退税，公共供应显然是实现公平和公正的一个前提条件。像美国的情况一样，虽然大部分家庭能负担得起商业儿童照料服务的费用，但服务的质量差异巨大，而这将产生逆向的社会选择。这意味着不平等的家庭购买力会导致不平等的儿童照料质量，从而对孩子产生不平等的结果。

三、支持女性终身就业

在家庭主义盛行的地方，女性在中年时可能背负一个较重的照料负担，因为在过了 50 岁之后，父母老弱的可能性急剧上升。当照料的需求变大时，依赖于家庭的解决方案可能驱使照料者提早结束其职业生涯，代际照料的基础也变得更差了。那些在未来几十年变老的人跟以前的人比起来孩子少多了。这也意味着潜在的家庭照料的劳动力储备缩水了。同时，老年人口的规模将快速增加。

正如笔者将在第五章中讨论的，因预期寿命延长而形成的老龄化人口特征对传统的家庭主义模式极为不利。因此，我们预计，“超高龄”人口（即 80 岁及以上的老年人口）每 20 年将翻一番。这意味着人们对老年照料服务的潜在需求是非常大的。照顾一个患有阿兹海默症的老人往往需要全身心的投入。

我们认为，在未来几十年，绝大部分即将 50 岁的女性有很强的事业偏好，会非常不愿意放弃就业。以前，在 55 岁以上的女性中，受过高等教育的比较少。但到 2020 年，女性接受高等教育会成为常态。举例来说，在 2000—2020 年，欧盟国家中拥有中等教育水平的女性将会翻番。

接下来，我们将讨论年长（55～64 岁）女性的（照料）参与率。在瑞典，有 65%的年长女性仍然在工作，而在法国只有 25%，意大利甚至更低，只有 16%。当然，造成这些差异的原因不仅仅是照料责任的不同，也因为女性终身就业的总体水平比较低。法定退休年龄这一因素肯定也很重要。无论如何，就像我们看到的祖父母照顾幼小孙辈的情况一样，照顾自己的年老亲属是比较普遍的，这个情况在整个欧洲非常相似，分布也比较广泛。似乎斯堪的纳维亚国家的人们照料老人的频率更高，但其强度并不大。丹麦人平均每周贡献 2.6 个小时在这上面。法国的强度更大（每周为 9.3 个小时），而在意大利，这基本上是一份全职的工作（每周 28.8 个小时）。[①] 在斯堪的纳维亚国家，女性不需要为了照顾亲属而缩短自己的事业期。而在南欧，为了照顾亲属而缩短自己的事业期已成为不少女性的常态（Sarasa，2005）。比如，在 50 岁退出劳动力市场意味着对终身收入的重大放弃，也可能意味着其所能享有的养老金权利被迫降级。对社会来讲，这意味着舍弃一部分税收。

无论是以居住照料（residential care）的形式还是以家庭帮助服务（home help services）的形式，对非家庭照料服务日益增加的需求都不能完全依靠商业照料服务来满足。以上两种形式也都因价格昂贵而被大多数家庭排除在外。一份全时的居住照料服务会轻易地花掉一位中等收入的女性的薪水。为了政策考虑，丹麦再次提供了一个完美的标杆，即用法律来使照料的供应满足需求。丹麦主要采用家庭帮助和居住照料全民覆盖的形式，这部分花费几乎占其 GDP 的 3%（家庭帮助的花费完全由政府承担，居住照料服务的使用者需要支付花费的五分之一左右）。这个模式优先考虑家庭帮助，目的是将对居住照料的使用降到最少。这不仅是因为老人更喜欢前一种方法，也因为它的成本效益高得多。在家庭帮助的方式中，即使工作人员每天都要探访老人，每人的成本也比居住照料的三分之一要少。另一方面，如果缺少居住照料，老人的家人会寻求住院治疗，这比居住照料至少要贵一倍。

享有这些服务的权利完全是根据需要来的，因此，丹麦模式在准入上是平等的，但“需求”有可能和社会地位有关。这是因为不同社会阶级的预期寿命有巨大差异。因此，如果接受长期照料的人中高收入者过多，对公平的关注会引发财政系统的改善。据此，成为社会保险框架一部分的德-奥照料模式就无法保证公平了。保险金是按（工资总额的）比例来征收的，是受工资影响的。考虑到预期寿命具有社会偏向，这种财政制度最

---

① 年长的女性全职照料他人的比例，在西班牙接近 10%，荷兰 2%，而丹麦几乎是零（0.6%）（从 ECHP 2001 年的数据估算得来）。

后将会倒退。安格鲁-萨克森模式提供免费服务给依调查而选定的穷人，给余下的众人提供有税收补贴的商业服务。这可能会给低收入民众带来某些公平的利益，但却是以余下人群内部的福利差异为代价的。

丹麦的体系一般是由税收提供资金的，当然，这保证了少量的公平，如果服务使用者也被要求逐步交纳需分摊的费用，公平程度会大大提升。这个模式相对有效吗？在“清理依赖市场”的意义上，它是有效的，但很多人会因为与之有关的成本而退缩。如果我们的目标是满足需求，那么选择商业服务就不可能带来宏观经济的储蓄，因为利润不高，而交易成本更高。对大部分民众来讲，选择商业服务的准入门槛太高，除非是有补贴的。一个测量成本的很好的办法是将其与政府从增加年长女性就业中获得的额外税收相比较。如果年长女性比现在的常态多工作十年，其家庭收入将会有极大的提高。这意味着将减少贫困和对社会帮助的需求，国家财政也将获得更多的税收。

为了证明这一点，我们假设，如果法国采用丹麦的照料模式，年长的法国女性的就业率将翻番，并将达到斯堪的纳维亚国家的水平。这意味着35%的50~55岁的法国女性将从增加的那十年的工作中获得收入。即使她们所有人都只是半职工作，她们的累积税收贡献也会抵消政府支付的全部老年照料成本的一大部分。我们不能忘记，老年贫困在年老的守寡女性中尤其突出，主要是因为她们就算有养老金储蓄的话，通常也很少。支持女性终身就业的政策应该对降低老年贫困的风险有所帮助。

四、男性生命历程的女性化？

女性革命尚未完结也因为女性更“男性化”的生命历程没有和男性生命历程的彻底“女性化”相并行。如果男性生命历程女性化确实发生的话，父亲因孩子的降生而造成的工作间断无异于象征性的——从时间上讲——和因得了流感而请病假、缺席工作是相同的。唯一真正的例外是在瑞典和挪威，这两个国家的政策极为鼓励父亲休一个延长的“爸爸产假”。在男性的职业生涯中，他们在就业行为方面的改变非常之小，只有提早退休是唯一值得注意的例外。

当我们将视线转移到人们度过时间的方式上时我们会发现，男性确实在这方面有更实质性的改变。我们已经看到，在过去的一二十年间，男性对无薪的家务劳动的贡献已经有了一个跃升，有两种活动的变化最为引人注目，即日常的家务劳动（比如打扫卫生）和照顾孩子。在后一个方面，（家庭中）父亲的贡献实际上自 20 世纪 80 年代以来就已经翻倍了，在丹麦、法国和美国都是如此，尽管这些国家在其他方面的差异非常大。夫妻（男女）分别专注于职场和家庭生产的分工模式在减弱，因为女性进入了职场，男性也为家务劳动贡献了更多时间。

这个趋势意义重大，但还没有达到革命性的程度。起初，职场和家庭生产领域的性别差异都非常大。即使女性就业了，但她们的工作时间仍更短一些，而且男性对家庭生产的帮助只是有限地减少了女性的家务负担。为了证明这一点，我们可以看到，法国男性每天平均花费 4 个小时在工作上，而法国女性是 2.3 个小时。而家务劳动的“画面”恰好相反：法国男性平均每天花 2.2 个小时在家务上，而女性则是 4.3 个小时。①

更重要的是，从社会阶层的角度来讲，男性在家务劳动上贡献时间的增加更多存在于受过高等教育的男性和妻子有很强议价权力的家庭中。父亲受教育程度的高低对其是否参与儿童照料的影响很大，而且这个影响还在不断加大。不论我们看到的男性生命历程的“女性化”程度如何，这种“女性化”历程很大程度上仍然局限在社会金字塔的上半层。

社会行为的性别对称正变得日益重要。正如已经提到过的，有证据表明，职业女性的生育率主要取决于她们的配偶是否参与家务劳动。也有证据表明，丈夫对家务劳动的贡献降低了夫妻分离和离婚的危险（Cooke，2004）。这是我们对为什么离婚的风险可能更多集中在较低的社会阶层的其中一个解释。对孩子的启发方面的社会不平等也加剧了，主要是因为受过高等教育的男性比受教育程度低的男性更多地增加了他们照顾孩子的时间。受教育程度低的男性似乎非常不愿意减轻性别分工，这意味着女性革命会变得二元化，甚至可能是两极化的。

---

① 该数据是依据最近的欧洲统计数据计算出来的（europa. eu. int/comm. /eurostat/statistics in focus）。美国的模式与法国的非常相似（Bianchi，Robinson and Milkie，2006）。

毫无疑问，同质婚配既是性别更对称的原因，也是其结果。通过同质婚配，女性选择了和她们的人生目标更匹配的男子。当夫妻双方有相似的受教育程度或其他特征时，他们更可能分享相同的偏好，但男女角色分工的优势也消失了。但是，同质婚配不是一个“社会夷平器”，它只是可以在社会的顶层孕育更多的性别平等，而不是在底层。女性在家庭中议价权力的提高是将男性生活“女性化”的一个潜在的有力工具。这里的问题是，教育差异将人群区别开来。女性的挣钱能力在低技术的群体中更受限制，而这群女性可能更认同传统的性别行为模式。在这方面，我们面临着一个戈耳迪之结（Gordian Knot），这个结只有通过女性革命的向下扩展才能被解开。

女性对经济自主和孩子的渴望产生了私人利益，但也产生了极大的集体价值，这突出了我们需要公共政策的理由。福利国家在父母假、儿童照料服务和老人照料服务方面的角色是明确的，有争议的主要是相对成本和收益的问题。但如果家庭间的不平等是达成优势均衡的主要障碍，福利国家在其中能起到什么作用呢？毕竟，需要解决的问题是根植于家庭的私事里的。

全欧洲都不缺代表性别平等的象征性的宣言和对意识形态的呼吁，但这些不可能起到大的作用，关键在于激励和约束，因此我们需要知道它们存在于哪里。约束可能存在于公众不愿意与传统性别规范决裂中。但这并没有提供真正的解释，因为我们知道，越来越多的夫妻确实已接受更大的性别对称。他们主要是受过高等教育的双职工家庭，其中妻子有着很大的经济自主权。如果是这样的话，厘清福利国家对家庭的支持应该在妻子的名下（以及银行账户中）是一个有前途的策略。主要妨碍受教育程度低的女性就业的因素是性别间的工资差异。在大多数国家，低技术劳动者间的工资的性别差异比高技术人群的大得多。斯堪的纳维亚国家受教育程度较低的女性有较高的劳动参与率，毫无疑问，这和较小的工资的性别差异有关，这个差异在国际上看都是比较小的。比如，通过设置更高的最低工资来提高她们的薪水，但这其实是一个“有问题”的解决办法，因为这可能导致更多的失业。北欧低技能的女性能找到工作的一个主要原因（不考虑她们相对较高的工资）在于福利国家在其内部创造了巨大的女性劳动力市场，尽管这是福利国家高密度服务的一个副产品。

但正如俗语所言，“跳探戈要两个人”，主要的障碍可能存在于“等式”的男性这边。什么样的激励措施能够刺激男性使他们的生命历程行为“女性化”？就此，我们必须记住，不论是就业中断还是花费更多时间在家务上，男性投入的机会成本的边际成本要比女性高，因为在各种不同的受教育背景和技术层次中，男性的收入通常比女性高。造成这种情况的主要原因是统计上的歧视，即雇用者预期女性会中断就业。为了避免这个风险，他们付给女性的工资比男性少。如果这个性别间的风险能够被消除，我们可以预见，男女收入将更为平等。事实上，在北欧国家，各个技术层面上的男女薪酬差异是最小的，这可能是因为北欧女性在劳动力市场行为方面更为“男性化”。因此，我们需要回到一个不同版本的戈耳迪之结的问题上。

近年来，一个比较受欢迎的策略是鼓励男性多休父母假。这个政策大体上是失败的。但我们能从挪威和瑞典的经历中学到一些经验，这两个国家在男性休父母假方面取得了些许成功。从 20 世纪 80 年代到 90 年代，休父母假的男性的比例翻番了，变为 40%；他们休假的平均长度也增加了。这个政策的设计起到了很大的作用。首先，这个假不能从配偶一方转给另外一方（即男性不能转给女性），也就是说，如果父亲决定不休的话，“爸爸月”就没有了。其次，“爸爸月”期间的津贴提高到正常工资的 80%。但如果我们重新审视这个情形的话，我们会发现：父亲假，尤其是长期的父亲假，主要是被公共部门的雇员休了（在公共部门中，男性的父亲假的津贴是正常工资的 100%）。

这里有一个很重要的教训。就业中断带来的职业惩罚在我们称之为“软经济”的工作中是最小的，但在竞争压力大的“硬经济”中却不是这样的。因而通过父亲假来实现性别平等所受的限制比我们想象的要少一些。因此，通过提高男性每日对孩子照料和家务劳动的贡献度来追求性别平等的策略可能对所有人都更有效果。从最近的研究中可知，主要有三种重要的方法可以刺激男性更多地参与孩子照料和家务劳动。第一种方法如已经讨论过的那样，来自妻子在家庭中相对的议价权力，而这主要取决于她们的挣钱能力。第二种方法与工作的量和需要的照料有关，我们可以从关于代际交换的数据中吸取非常重要的教训，即起初给予照料的可能性与它的强度呈负相关关系。我们认为父亲贡献给孩子的时间也遵循了相同的逻辑：当孩子接受了家庭外的日托服务时，父亲贡献给孩子的时间显著增加。如果是这样的话，一项面向早期儿童照料的全民政策应该会促进家庭生活中的性别对称。第三种方法与工作日的长度和标准有关。在欧洲，地中海国家代表着一个极端，因为其公民的正常日工作时间会延续到晚上 8 点，甚至有时会到 9 点。事实上，无论这个国家多么主张性别平等，工作时间的延长都会妨碍男性做出有意义的贡献。因此，对工作时间表进行改革是非常有必要的。

无论如何，我们不应该忘记，女性本身可能是将男性的传统行为永久化的积极同盟。有充分的证据证明，女性——尤其是受教育程度更高的女性——越来越认识到（行使）母职和照料孩子的重要性。关于时间使用的数据清楚地显示了这一点：尽管存在更高的机会成本，但母亲们在孩子身上投入的时间正在增加（Bianchi et al.，2006；Bonke and Esping-Andersen，2008）。很显然，各地的女性都肯定了母职有着高度的重要性。正如金森（Jensen，2002）所证明的，丹麦女性开始因生育而选择进入公共部门工作，即使这意味着工资锐减。同样地，费尔弗（Felfe，2008）证明，母亲们已经准备好牺牲自己的工资，以便将她们觉得对孩子福祉不利的工作上的“不愉快”降到最低。

更概括地说，男性和女性的调整模式可能再生产出——但以新的形式——具有性别特色的生命历程模式。如果女性积极选择那些“母亲友好”的工作，为的是能更好地调和终身就业与母职间的冲突，那么最终结果就是劳动力市场上的性别隔离将愈加严重，即女性集中在“软经济”中，男性集中在更具竞争力的行业中。事实上，比较数据系统地显示了北欧国家在职业的性别隔离方面处于世界前列。竞争力强的“硬经济”行业薪水更高，但也更不稳定，需要员工更努力，对员工工作表现的要求也更高。这意味着男性的工作环境不太会引起日常生活的深刻变化或自身生命历程的女性化。

五、一种新的福利混合？

新的家庭政策的要点有一个明显的矛盾：现代社会家庭的福祉以“去家庭化”（defamilialization）为前提。这显然不意味着对家庭生活的强制入侵。其要旨在于给家庭现实的选择。如果缺少可以负担得起的儿童照料服务是影响生育率的一个主要障碍，一个覆盖全民的日托政策则会促使民众组成他们真正向往的家庭。人们普遍认为，将家庭责任外化会损害家庭生活的品质，并破坏家庭团结。但所有能找到的证据都证明，真实的情况恰恰相反。我们已经看到，如果潜在的照料义务问题更容易得到解决，代际联系似乎会更强、更频繁。父亲对孩子照料的参与也是如此。女性革命已经给了我们一个很大的教训，即现在，传统的家庭主义是人们选择为人父母的障碍。

因此，相对而言，市场或国家在家庭福利生产中应该承担怎样的重要责任呢？在关于私有化的争论中，反对派通常呛声对手，坚持认为所有“私人的”都是坏的，都是不好的；而私有化的支持者则坚持认为所有“公共的”都是坏的，都是不好的。真理体现在细节中，而不是体现在意识形态中。私有化的“菜单”已经很丰富了，从商业制度到公共供给均采用准市场的原则。而在两者中间还有许多选择，包括非营利的、被监管的或被补贴的私人提供者，以及代金券制度。

要敲定的第一点是，从宏观经济的角度来讲，无论我们如何将市场和国家联合起来，总的福利成本也不会有多大变化。丹麦和美国在社会公共支出上处于两个极端，但当我们最后审查总的净社会花费时，发现两者实际上是一样的。确实，如果市场真的具有竞争性，这在质量红利方面应该是可以看得出来的。一些案例表明，我们可以通过私人供应来节约成本。由政府人员充当工作者的家庭照料服务不可避免地要比合同工更贵。但在大部分的商业福利机构中，单位服务成本一般比公共部门提供的相同服务价格高一些。之所以出现这种情况，当然也有利润率的原因，但主要是因为商业福利部门的交易成本（如市场管理和账单管理）更高。如果商业的福利供应更贵，这也并不意味着政府供应是唯一的替代性选项。在一些国家，基督新教和天主教的福利组织在福利供应方面扮演了重要的角色。在丹麦，三分之一的儿童照料中心是由父母协会建立和运营的；在瑞典，十所学校中就有一所是独立的。故而，我们真正应该处理的问题是既定的混合福利形式在分配和行为上的次级影响。

除非是受补助的（如通过减税或代金券的形式进行补助），否则，对于大部分在中等收入以下的家庭来说，商业性的社会服务的价格太高。私人的健康保险和退休计划也是如此。美国的健康保险是一个比较悲惨的例子：四千多万的美国人没有任何健康保险。在这里，很重要的一点是，我们必须一直计算违背公平追求效率所带来的潜在红利。根据经验，我们在追求公平方面付出的巨大代价几乎不可避免地使得所有效率红利都无足轻重了。

在次级行为的影响方面，有三个类型尤其需要注意。第一种次级行为的影响类型指激励效应——主要是对储蓄和工作的激励。尽管很难找到不含糊的实证研究结论，但存在一个看似合理的观点，即一个主要依靠公共财政的福利模型意味着在税收达到某种程度时会扭曲人们的工作动机并减少家庭储蓄。反之，如果民众需要为自己的福利提供资金，那么我们应该期待有更多的储蓄和劳动供应。除非我们在每个福利项目上对任何一种选择在储蓄和劳动供给之间的相对作用做出可靠的估计，否则，不管怎样，我们都无法做出明智的选择。

第二种次级行为的影响类型与信息失败有关。竞争可能对质量有非常积极的作用，但许多福利领域涉及的很多专业知识是普通民众不可能拥有的。很少有人能够在彼此竞争的心脏移植提议之间进行选择，甚至都无法在不同的学校之间进行选择，而这可能是最主要的困难。默坎（2007）提出了一个非常有说服力的观点，以解释父母们为何没有很好的能力为他们的孩子选择最好的儿童照料服务。原因是他们缺乏其所需要的信息，或者被兜售者的专业知识给蒙住了。民众是否具备知情的能力，对这一问题的回答在各类人群中差异颇大。那些有资源的人能在一个竞争力颇强的市场中做得很好，但受教育程度低的人则会占据非常不利的地位。如果市场挑选心仪的顾客而排斥不想要的顾客，那么弱势群体将会变得更加弱势。任何理性的民营保险公司都会避开那些高风险的顾客。

第三种次级行为的影响类型指的是社会外部性。如果绝大部分人认为保险服务的价格太昂贵，那么可能会产生很大的社会影响。举个例子，如果父母负担不起高质量的照料服务，他们可能将孩子置于次一级的照料形式中（如放在电视机前），或者让母亲中断就业。前者无可否认是对孩子有害的，后者则降低了总的就业率（和税收）并增加了儿童贫困（这又使得公共的收入转移成为必然）。如果找不到合适的儿童照料服务，生育率可能会受到影响。

笔者的观点是，我们在进行核算时，必须将所有这些次级的、分配性的影响因素考虑进去。我们必须令支持或反对任意一种偏好的人提供给我们完整的社会核算（social accounting）。

私有化的最大优点在于它提高了选择和竞争的自由，这两者中的任一者都可能提高服务质量。但私有化的缺点在于，在公共（或公共监管的）服务中贯彻“准市场”的原则可能产生相同的福利。如果彼此竞争的服务提供者被适当地监管，消费者便可以获得足够的信息，因而更好的选择是与平等主义的目标完全相容的。实证研究充满了好的实践和坏的实践，我们可以从中学到很多。如果允许服务提供者将最具风险的人排除在其服务范围外，或按服务提供者的意愿设置服务价格，结果很可能就是福利隔离。因此，现有的问题可归结为（缺少）一个一致的、有效的监管框架。

福利制度核算

无论一个国家决定如何将公共服务和民营服务结合起来，一项有效的新家庭政策都将要求政府承担更多的公共支出。表 3.5 提供了一个收入支持和家庭服务的 GDP 占比情况的概览。若向斯堪的纳维亚国家的标准靠拢，意味着大约需要付出占 GDP 6%的公共支出。考虑到现在公共财政所承受的压力，尤其是老龄化带来的压力，这样的一个标准显然过高了。但我们不能忘记，三种福利支柱都代表着直接或间接的 GDP 使用。无法提高公共支出水平，并不意味着总的 GDP 支出会更少，这是因为民众可以通过购买商业服务或依赖无酬的家庭帮助（间接地存在货币价值）的形式来进行补偿。

我们面临的一个基本问题是，将我们的社会核算系统局限在公共支出上显然显得有点儿目光短浅。在标准的国际比较上，我们仅用公共社会支出来呈现。在这里，我们毫无意外地看到斯堪的纳维亚国家及德国和法国的公共社会支出费用极高（丹麦占了 GDP 的 34%，法国占了 30%），这与美国的 16%和英国的 25% 比起来似乎非常不利。①

表 3.5 对家庭的公共支持：2003—2004 年

国家	对家庭的服务（占 GDP 百分比/%）	在 ECEC（0~6 岁）上的公共支出（占 GDP 的百分比/%）	给儿童家庭的现金福利（占 GDP 的百分比/%）
丹麦	2.5	2.0	1.5
法国	1.5	1.0	1.5
德国	1.0	0.5	1.1
荷兰	1.0	0.5	0.7
意大利	0.5	0.4	0.6
瑞典	2.0	1.7	1.8
英国	1.0	0.5	1.9
美国	0.5	0.5	0.1

注：ECEC 指的是儿童早期教育和照料。
来源：OECD 家庭数据库（www.oecd.org/els/social/family/database）。

这些数字本质上毫无意义，因为它们忽视了一个事实，即很多支出马上就通过退税被退回来了——尤其是在支出较大的福利国家，如北欧国家，那里的大部分公共收入转移是要纳税的。它们也忽略了暗藏的支出，即以减税及对社会支持进行补贴的形式产生的支出。税收补贴在那些鼓励市场供应的福利模式中比较突出。当我们调整税收和暗藏的以税收为基础的补贴时，我们得到了一个更为现实的净公共社会支出指标。而现在，国家之间的巨大差异也开始缩小：丹麦现在的净公共社会支出只占 GDP 的 26%，法国占 29%，而美国上升到 17%。

但这些数字也是没有意义的，因为它们忽视了民营市场的支出，这类

① 所有的支出数据均来自 OECD 的社会开支数据库（SOCX），这里显示的是 2001 年的数据。

支出在不那么慷慨的福利国家中可能是相当多的。可以预见，民营市场的（净）社会支出在斯堪的纳维亚国家和法国是比较小的（在丹麦只占 GDP 的 0.8%，在法国占 GDP 的 2.1%），但在美国和英国则数额巨大（在美国占 GDP 的 11%，在英国占 4%）。当我们将民营市场的支出计算进去，国际差别看起来更小了。总的净社会支出，即公共的加上民营的，现在在丹麦是占 GDP 的 26%，在法国是 31%，在美国是 25%。事实上，在这个核算过程中，法国在整个 OECD 国家中是支出最多的国家（见表 3.6）。

表 3.6　表面的和真实的社会支出占 GDP 的百分比：2001 年（单位：%）

	丹　麦	法　国	美　国
总的公共社会支出	34	33	16
净公共社会支出	26	29	17
净民营社会支出	1	2	11
总的净社会支出	26	31	25

来源：Adema W. and Ladaique M. Net Social Expenditure（2005 edn.）；OECD ELSA Working Paper，8（2005：Table 6）。

我们得到的教训是，在一些公共支出非常高的国家，如丹麦，事实上的支出却很少。换句话说，重要的问题不是总的负担，而是：（a）钱是从谁的口袋里拿出来的；（b）在支出的每个既有水平以及混合情况下，福利结果是什么？在丹麦和瑞典，几乎所有的钱都是从纳税者的口袋里掏出来的；而在美国，这些钱大部分是从消费者的口袋里掏出来的。最后，丹麦和美国的普罗大众交的钱几乎是一样的。但那些非一般的丹麦人和美国人的情况如何呢？

不是所有的民众都是一般人，在这里，整个福利制度核算变得非常重要。如果大部分钱是从消费者的口袋里掏出来的，那么民众能否获得福利就与家庭的预算约束有关。大体上，一般的美国家庭能负担得起医疗保险和照料服务，但对大多数收入在中等以下的家庭来说，有些项目是它们负担不起的。这就可以解释为什么美国有 4 000 多万人没有任何医疗保险了，也可以解释美国的儿童照料服务和老人照料服务为何存在如此巨大的质量差异了。引用一个相似的例子来说明这个情况：20 世纪 90 年代晚期，布莱尔政府开始大力推进日托服务，在几年时间里建立了 60 万个新的日托中心；这项政策是建立在商业中心的基础上的，并且因为公共补贴很少，普通家庭很难负担得起这些服务；结果，几乎半数的日托中心因“需求不足”而被迫关闭了（Evers et al.，2005）。

增加在家庭服务上的支出必须是现实的。要讲清楚的一个简单的要点是：(a) 如果我们真的想要实现这样的福利目标，无论我们如何将民营服务和公共服务组合起来，额外的财政负担总是不可避免的；(b) 如果增加的支出不能到位的话，我们将会有很大的福利空缺，或将造成家庭收入更低、孩子更少等情况。

在整个欧盟，各国额外的财政负担各不相同。在丹麦和瑞典这样的国家，额外的支出需求已经被满足了，因为儿童照料服务和老年照料服务已实现了全面覆盖。因此，在未来的几十年里，额外支出的需求将限于人口规模调整或质量改善这些方面。另一个极端存在于意大利和西班牙这样的国家，其需要填补的额外支出需求非常巨大。居于两个极端中间的国家如德国和法国，其额外的支出需求比意大利和西班牙要小一些，但也仍然是很大的，因为其在儿童照料服务的供应方面有很大的缺口，而老年照料服务方面的缺口更大。

简而言之，我们需要一个统一的核算系统，这个系统允许我们：(a) 确认真正的（而不是误导的）公共支出；(b) 查验市场和政府的联合支出走向。重要的是总的 GDP 的使用。这个方法有非常重要的价值，它能使我们更好地评估社会模式的分配。重要的不是我们能否负担得起更多的福利支出（因为这个问题无论如何都会发生），而是当我们选择这种或那种公—私结合的模式时，谁是胜者，谁是败者，以及可能的次级后果会是什么。如果我们能够发展出一个可信的系统来测量家庭自我服务的现金价值，我们将能更接近一个真正的福利制度核算系统。

第四章　投资在孩子身上，创造平等的生活机会

对福利国家标准的批判是，其在追求平等时牺牲了效率。这种看法断言，福利保障消磨了工作激励，影响（降低）了我们的储蓄习惯，并降低了生产力。如果社会保护真的蚕食了喂养它的那只手，我们将面临一个残酷的“二选一”。[①]

这个“二选一”的理论更多是建立在一个基本理念而不是确凿证据的基础上的。严肃的实证分析无法证实福利国家会导致严重的效率损失。[②]同样，也有似是而非的论调提出为什么福利国家会振兴经济。健康的、受教育程度良好的民众更具生产力，如果他们觉得安全，他们更有可能接受快速的变迁。贸易的全球化和快速的技术变革不可避免地将造成工作的不稳定性。因此，许多人认为全球化需要一个更强的福利国家（Katzenstein，1984；Garrett，1998）。同样地，有人认为，我们需要一种更灵活的就业管理制度，这需要和更强的个人福利保障相匹配（Hemerijck，2002；Kvist，2002；Schmid，2008）。

这些争论使人非常困惑，因为争论没有对“二选一”理论中的“平等”概念做出简洁的定义。为了实现最基本的明晰，我们至少需要区分“结果平等”和“机会平等”。我们不得不承认，平等和社会政策之间的关系是含糊的，有时甚至是矛盾的。

“结果平等”通常以比较纳税和福利支出之前及之后的收入分配来测

---

① G. Esping-Andersen（2007），“Childhood investments and skill formation”，*International Tax and Public Finance*，15：14－49。

② Barr（1998），Atkinson（1995），Atkinson and Viby-Mogensen（1993）。

量。当然，毫无疑问地，福利国家是注重重新分配的，但这个重新分配很大程度上只是跨越生命周期的收入再分配，尤其是从青年期到老年期。很明显，社会预算（制度）很大程度上对富人更为有利。拿高等教育和医疗保健中最昂贵的项目来讲，则更是如此了。一般来讲，福利国家（要达到）的主要目标从来不是提高其自身收入而进行再分配，其目标是提供保险和保护。福利国家从未致力于平等主义的理想，就这点来说，它主要是为了推进机会平等，而不是事实上的结果平等。很久以前，结果平等的理想是以社会阶级的形式表达的，该理想承诺：可保证阶级出身不决定个体的生活机会。

即使是“二选一”理论最坚定的拥护者也会认同机会平等于效率而言是很重要的这一观点，因为至少它是对一个国家的人力资本进行投资。为了达到这个目标，第二次世界大战后的改革家们认为教育改革应该致力于提高生产力，以消灭社会继承的影响。但到了 20 世纪末期，普及的、免费的（义务）教育并没有完成让生活机会平等的使命。随着高质量的比较研究的积累，如埃克里森和哥德普森（Erikson and Goldthorpe）在 1992 年发表的《恒流》（*The Constant Flux*），我们不得不得出以下结论：事实上，在所有发达国家，并没有出现过明显的机会平等——如今，孩子们的出身和生活机会之间的关系，仍然和我们祖辈所生活的时代一样密切。①

我们这个时代有一个很大的矛盾，即尽管我们投入了极大的精力来追求真正的机会平等，但仍然进展不佳。正如大多数典型的矛盾一样，一旦我们更好地理解了引导社会生活的真正机制，这些矛盾就消失了。目前我们意识到，一套教育体系，无论设计时是多么进步和平等，在制度上都无法创造平等。布迪厄（Bourdieu，1977）已经做出了解释，即学校的环境内在地有利于中产阶级文化，无意中不利于来自更低社会阶层的孩子。近些年出现了一种替代性的且更有力的解释。这种解释扎根于发展心理学，它认为对学习非常关键的认知和行为基础形成于儿童极早期。在学龄前发生的事

① 比较研究发现，北欧国家可能是“恒流”情形中的唯一例外。毫无疑问，这些国家成功地使阶级之间的教育获得平等化了；但仍然存疑的是，我们是否可以将这个成果完全归功于教育改革。

情对孩子在接下来接受正式教育时的学习能力和动机有着根本性的影响。因此，在学校或福利国家对我们的生活施加任何重要作用之前，出身的印记就已经被牢牢地刻上了。因此，合乎常理的结论就是，我们应该将更多的注意力放在家庭内发生的事情上，而不是教育政策上。

在许多方面，我们对机会平等的追求面临着越来越多的障碍，这些障碍是存在于不断进步的知识经济内部的。事实上，我们可以下论断说，知识经济改变了“平等—效率”非此即彼的本质。

一、新的挑战

国际学生评估项目（PISA）的研究激发了热烈的公共辩论，这些研究也为我们提供了一个很好的机会来判断我们是否为知识经济做好了准备。这些研究的要旨在于测量15岁左右年轻人的认知技能。首先，掌握认知技能是学业成功的必要因素。从定义上讲，它们对知识经济至关重要，因为它们体现了理解信息和解决问题的能力。但不幸的是，在许多国家，关于国际学生评估项目研究结果的讨论都集中在国家平均水平上。媒体痴迷于讨论如“是否德国人真的不如法国人”这样的问题。国家之间肯定存在差异，但相对于某个既定国家内的技能分布差异来说就显得相形见绌了。无论我们主要在意的是社会排斥还是未来的经济，我们都应该首先关注实际功能失调的人群的规模。

为什么我们需要将技能和人力资本的不平等控制在最低水平？有两个基本的基于“效率”的原因。第一个原因是关于人口特征方面的。因为持久的低生育率状况，未来年轻群体的规模仍将很小。在未来的几十年里，欧盟的（可）工作人口将缩减5 000万。这个小规模的工作人群需要供养一个庞大的并仍在不断增加的老年人群。因此，为了保证未来几十年里福利国家的可持续性，我们需要对现在的年轻人的生产潜力做最大化的投资。

第二个原因同知识密集经济中不断提高的技能要求有关。虽然大家都认为技能越来越具有决定性作用，但对于哪种技能最重要仍然存在很多争议。正式的教育文凭肯定仍旧关键。凭经验来看，我们可以很确定地说，在今后的劳动力市场中，一个只有初中文化程度的人的日子将十分不好过。事实上，在所有的发达经济体里，那些更早离开学校的人遭遇失业的可能性比那些受教育程度高一些的人高三倍，他们（那些更早离开学校的人）占据着那些长期失业人群的绝大多数。从生命历程的角度来看，那些受教育程度较低的人难以积累足够的养老金财富，因此有遭遇老年贫困的风险。

但是，更明显的是，认知技能和非认知技能都变得越来越重要。认知技能决定孩子在学校学习的效果，也有学者认为该技能对人的整个职业生涯都很关键。有证据表明，正式的教育对一个人最初的职业发展是最重要的，然后认知能力在其整个职业生涯中继续发挥着重要的作用（Warren et al.，2002）。诺贝尔经济学奖获得者詹姆斯·海克曼（James Heckman）对非认知技能的作用进行了非常有力的论证。① 其核心论点是，领导能力、沟通能力、提前计划的主动性能力等特性越来越成为在现代企业中获得成功的关键。

认知技能和非认知技能都是一半遗传、一半培养的结果——也就是说，一半是环境刺激的结果（Bowles et al.，2001，2005；Bjorklund et al.，2005）。我们可能无法准确区分先天和后天的作用，但毫无疑问，后天培养的作用非常巨大。认知（以及非认知）能力影响学业成就，并继续影响着成人时期的生活机会，相关政策面临的挑战就是如何保证所有的孩子都站在一个较好的起跑线上。一般来说，若我们很好地投资我们的孩子，将给其个人的生活机会和社会产生很大的回报。

任何关于平等和效率的严肃思考都必须意识到，孩子是一种积极的“公共物品”。对他们的社会价值进行准确评估肯定是不容易的。普利斯敦（Preston，2004）曾估计一个普通孩子的价值（在终生的基础上）是10万美元，这表明了其重要性。但问题在于，那些优秀的孩子所产生的高社会获得，是否会被社会为那些失败的孩子所付出的成本所抵消。在第三章中我们提到，城市研究院所做的估计表明，在美国，针对儿童贫困问题所消

---

① 法卡斯（Farkas，2003）评论了认知能力的重要性。海克曼和洛克纳（Heckman and Lochner，2000）以及卡内罗和海克曼（Carneiro and Heckman，2003）讨论了非认知技能的作用。

耗的社会成本约为 GDP 的 4 个百分点。这主要是因为贫困、学业失败和青少年犯罪之间存在很强的关联。

我们对知识社会的想象存在两个完全对立的版本。不平等的版本看起来就像“优秀之岛被无知之海包围”，即知识精英被一个巨大的低技术人群所包围。我们可以假设，大多数人还是更喜欢另一种情形，即无知最小化，也就是大多数人处于平均水平上。目前缺乏技能的年轻人所占的比例预示着未来社会排斥问题的可能规模。

在表 4.1 中，笔者呈现了两个有力的指标：初中及以下文化程度的年轻成人的比例（ISCED1—2），以及 2000 年国际学生评估项目研究中 15 岁年轻人的“认知”表现。落在 PISA 最小值以下意味着该受访者理解最基本的信息都有困难；因此，这两个指标可以测量认知功能失调。快速看一眼这个表格，我们可以发现，丹麦和芬兰的测量结果较具同一性，而西班牙和美国的测量结果更接近“优秀之岛被无知之海包围”的场景。法国和德国的测量结果落在两个极端之间：过早离开学校的人的规模处于平均水平，且认知能力的分布较为均匀。

表 4.1　OECD 代表国家未来劳动力技术剪影

国　家	初中及以下文化程度的年轻成人（20~24 岁）的百分比/%	PISA（数学）成绩		
		平均得分	处于 PISA 最小值以下的百分比/%	PISA “精英”比例/%
丹　麦	4	526	5	4
芬　兰	8	547	7	19
法　国	14	507	7	4
德　国	15	527	9	5
西班牙	31	487	19	4
瑞　典	10	518	12	11
英　国	8	511	13	16
美　国*	20	499	18	12

数据来源：OECD 的初中及以下文化程度的年轻成人的比例的数据来自 ISCED（OECD, 2003：Table C5.2）。PISA 数据直接从原始数据文件中获得。PISA “精英”指那些数学得分在前 5%水平的人。

*美国的相应数据是那些没有完成高中教育的人的比例（12%），加上那些仅仅获得高中同等学力及文凭的人的比例（8%）（Haveman et al.，2004：Table 4.8）。

认为一些国家比其他国家优越的看法很愚蠢，因为辍学率和认知能力分布之间的国际差异必定归因于制度因素。原则上，西班牙应该可以将其辍学率控制在10%以下，将其认知功能失调人群的比例控制在5%以下。一个引人注目的特点是，一个国家的技能分布情况似乎和其平均表现没有关系。换句话说，要增加同一性，并不需要以降低标准为代价。芬兰的例子表明，当一个国家的平均表现很好时，即使该国产生了一群庞大的“认知精英”，其认知能力的两极分化也可以控制在最小范围内。另一个测量认知能力不平等的方法是计算“认知基尼系数”。该系数和表4.1所体现出的情况非常一致。美国的认知基尼系数（0.160）恰好是丹麦（0.08）的两倍。①

显然，认知能力对在劳动力市场上获得成功来说是很重要的。根据上文引用过的美国国际成人识字调查的数据，笔者推算出英国得分低的年轻工人的失业可能性要比得分高的年轻工人翻一番。在荷兰和低技术工作比较少的斯堪的纳维亚国家，认知成绩差的年轻人失业的可能性比得平均成绩的年轻人高4~5倍。同样，当我们在对薪资起决定作用的因素进行分析的时候，如果我们分析认知测试分数，我们会发现：若不考虑教育获得因素的约束，认知测试得分仍对收入有巨大的影响（Green and Riddell, 2003）。

二、不断增加的障碍

（一）不断增加的收入不平等

如今，有一个威胁源自不断增加的收入不平等，以及它如何影响机会结构。在一个极端，我们看到收入顶层的家庭与中间家庭的差距越来越大，这是因为技能的回报率上升了，也因为在收入金字塔的顶端聚集了一群高收入的双职工夫妇。在收入金字塔的底部，受教育程度低的夫妇面临着更大可能的低收入和无工作问题（Katz and Autor, 1999; Gregg and Wadsworth, 2001; Hyslop, 2001）。除了法国之外，在整个发达社会，（市场上的）收入不平等的基尼系数都上升了，在一些国家（如德国、瑞典、

---

① 在加拿大统计局所做的国际成人识字调查（International Adult Literacy Survey, IALS）的基础上估算而来。

英国和美国)，该系数的上涨率甚至超过了 20%。可能最麻烦的一个趋势在于儿童贫困率随之上升。在意大利、德国和荷兰，儿童贫困率已经翻倍了，但在法国，它依旧维持在一个比较稳定的水平（8%左右）（Esping-Andersen and Myles，2008）。

随着不平等的加剧，父母对孩子进行金钱投资的能力也变得更加不平等了（Solon，1999）。这意味着社会继承的影响变强了。近几年，通过预估父辈收入和（成年）子辈收入的直接关联，我们对社会继承现象已经展开了广泛的研究（Corak，2004，2005）。我们发现，国与国之间存在很大的差异，这些差异和普遍的收入不平等紧密相关。如图 4.1 所示，英国和美国的父辈与子辈之间的收入关系比丹麦和瑞典的高三倍。法国的收入分配相对更不平等，这将波及社会继承。虽然不像美国的父辈与子辈之间的收入相关性那么强，但法国的该系数（0.4）比丹麦的（0.15）两倍还多。当然，公共财政支持的教育会减缓父母收入的影响，但不会消除它。

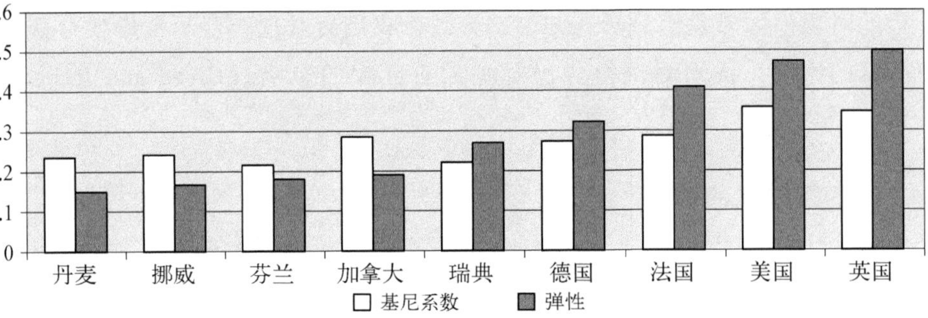

图 4.1　收入不平等以及代际收入流动

注：收入不平等是以 20 世纪 90 年代中期家庭可支配收入的基尼系数来体现的。代际收入流动是以父辈收入相对于子辈收入的弹性来体现的。

来源：基尼系数来自卢森堡收入研究（Luxembourg Income Study，Key Figures）；父辈—子辈收入相关的数据来自克拉克（Corak，2005）的研究。

在收入分配的顶端和底端，收入的影响尤其强大（Couch and Lillard，2004）。就顶端而言，有钱的父辈能为哪怕是最没有才干的子辈购买一个稳定的前程。事实上，在这部分人身上，我们看到了一种对孩子的过度投资，这显然是对经济资源的无效利用。处于底端的父辈的收入的影响可能要严重得多。美国的一项研究表明，贫困父辈的成人子辈仍然贫困的可能性是 42%（Jantti et al., 2006）。如笔者前面所说，儿童贫困的社会成本很高，它会成为个人机会的巨大障碍。

（二）人口的挑战

家庭结构的持续变迁也可能导致两极化。第一个趋势是家庭将变得更加不稳定，成长在单亲母亲家庭里的孩子的比例在上升。在北欧和美国，单亲母亲家庭如今占所有有孩家庭的 15%~20%。在美国，这对孩子的影响完全是负面的，但有证据表明，这在欧洲的结果更不确定。毫无疑问，这和潜在的社会选择有关。在美国（和英国），单亲母亲和离婚现象越来越集中在较低的社会阶层，这种情况在欧洲国家则没这么严重。为什么单亲母亲家庭给孩子造成了负面影响？主要有两个原因。其一，这种家庭遭遇贫困的风险很高。在美国，一半的单亲母亲家庭处于贫困状态，但如我们所料，欧洲国家的这一风险则低一些：法国有 29%、德国有 38%的单亲母亲家庭处于贫困状态，瑞典比较低，是 13%（Esping-Andersen and Myles, 2008）。斯堪的纳维亚国家的贫困率可能低一些，这得益于慷慨的福利国家的支持，更因为几乎所有的（在丹麦占 81%）单亲母亲都处于就业状态。单亲家庭的孩子生活状况不佳的另一个原因在于潜在的"养育缺乏"，因为父亲或母亲所能给予他们的时间更少。当然，如果单亲母亲身处职场的话，这一点更为可能。

第二个趋势是婚姻选择的增加，尤其是同质婚配的增加。这在社会阶层的顶层和底层尤其明显：这使得阶层的一端集中了具有很强的人力资本的父母；而在另外一端，则聚集了受教育程度较低的父母。这会扩大不平等，不仅因为赚钱能力的差距，还因为就业模式的差别。如笔者在第一章中讨论过的，在大多数国家，女性角色的革命仍处于未竟状态，因为现在受教育程度高的女性所秉持的终身就业的理念并没有扩展到受教育程度较低的女性中。造成两极分化的一个主要原因是社会阶层底部的男性有更高的失业可能性。关键在于，女性对劳动的参与程度在社会上是呈偏态的。如果几乎所有女性都参与就业，比如斯堪的纳维亚国家的情况，那么两极分化的情况就会减少；如果女性就业集中在社会阶层顶部，如大多数国家那样，那么两极分化的情形就会严重。举例来说，在法国，处于收入四分位顶端的女性，其收入是处于收入四分位底部的女性的九倍，原因是后者（处于收入四分位底部的女性）很少参与就业。在丹麦，处于收入四分位顶部的女性的收入仅仅是处于收入四分位底部的女性的四倍。同质婚配也可能使得父母对孩子的投入两极分化。如前文所提到的，有明确的证据表明，受教育程度高的父母贡献给孩子的时间比受教育程度低的父母多得多，尤其是在我们称为发展的时间上，即积极刺激认知的时间方面。

第三个人口挑战来自大规模的人口迁移。移民的一个奇怪之处是，第二代移民倾向于和当地人在人口行为方面趋同，如出生率，但在教育和技能方面则不同。举例而言，在瑞典，学校系统特别致力于矫正移民孩子的学习劣势，但移民孩子学业失败的概率仍然比当地孩子高五倍。[①] 更普遍的例子来自国际学生评估项目研究的数据，该数据显示，本地青年和移民青年在认知能力方面存在巨大的差异（见表 4.2）。

表 4.2　不同国家移民落后度（和该国均值的差距）

国　家	原始移民影响	调整后的移民影响
奥地利	-60	-36
比利时	-82	-56
丹　麦	-33	-17
芬　兰	-18	-22
法　国	-33	-20
德　国	-68	-40
爱尔兰	+15	+13
荷　兰	-73	-43
西班牙	-21	-23
瑞　典	-37	-25
英　国	-21	-21
美　国	-35	+14

数据来源：PISA2000 年数据文件。“调整后的移民影响”是在控制了包括母亲的受教育程度、父母的社会经济指标、性别和家里的书的数量等变量后得出的。

在表 4.2 中，笔者对原始作用和调整作用进行了区分。后者考虑了其

① 这一数据来自 2005 年 2 月 OECD 访问团在瑞典的有关统计结果，笔者参加了这次访问。

他可能性，如认知差距可能反映了不必然与移民有关的特点，比如父母受教育程度低或者家庭收入低。但即使我们对这些因素做了调整，移民而来的人仍然落后很多。在比利时、德国和荷兰，移民的孩子在调整这些因素后的认知测试得分仍然比本土孩子低大约13%。在法国，移民孩子的测试得分比本土孩子低7%。但我们注意到，在爱尔兰和美国，若我们对组合效应进行校正，移民孩子则会表现得很好。

三、确认社会继承背后的原因机制

我们现在意识到，通过调整教育政策来实现机会平等的努力失败了，因为政策制定者错误地相信不平等的生活机会的根源在于获得教育的机会被社会性地扭曲了。但这并不意味着教育设计上的差异没有造成任何不同。已经确认的是，对学校的早期追踪强化了社会选择，融合的、综合性的学校有利于减少入学高中生的社会阶级差异，对高等教育系统进行补助有利于提高弱势学生的入学率（Erikson and Jonssonm 1996; Machin and Vignoles, 2005）。

无论如何，目前有一个为人们所普遍认同的观点是，社会继承的真正重要的机制深埋在学龄前时期。对于大多数孩子来说，这段时期也是他们最为“私人化”的时期，因为他们可以获得的机会完全依赖于家庭环境。事实上，从上学的第一天开始，任何一所小学的老师都能证实不同孩子在为入学做的准备方面存在巨大的差距。学校以及一般的教育机构本质上设备简陋，无法弥补这些差距。我们也从大量的评估研究中得知，事后的补救政策基本没有效果，并且成本很高（Carneiro and Heckman, 2003）。所有这些表明了一个要点：不管我们的目标是创造更多公平，还是提高未来劳动力的生产力，我们的分析透镜都应该聚焦在家庭四墙之内发生的事情上——这是真正深藏重要影响力的地方。

我们必须区分三种家庭影响：金钱影响、时间投入影响和学习文化影响。这些影响有趣的方面在于它们不一定并存：富人并不一定是为孩子付出最多时间或最多启发的那类人；学校老师挣得少，但他们可以为孩子提供学习文化。

（一）金钱的重要性

收入不平等对生活机会的影响本质上是不明确的。一方面，不平等应该促使人们在人力资本方面投资更多，并且，通常来讲，会使人们更有动力向前看；另一方面，于父辈中普遍存在的不平等将会影响父母为孩子投资的能力。家庭出身对孩子的生活机会的影响应该是和不平等程度呈正相关关系的。战后政策背后的标准假设是，将进入各级教育系统的机会平等化（尤其是通过公共财政和精准补助）可抵消父母资源对人力资源获得的影响，因此必须改变收入或薪资结构。

最近对代际收入流动的研究表明，这是一个太过乐观的假设。① 正如早些时候所讨论过的，父辈的收入和（成年）子辈的收入之间的（正相关）关系在美国和英国等国是相当强的。这些国家的收入不平等现象尤其明显。但对于不平等水平和流动之间的因果走向，我们目前暂时无法进行预估。无论如何，这两者注定是互相加强的。要点在于，福利和效率是并存的。从公平的角度来看，子辈的生活机会应该更多地依靠他们自己的天资及能力，而不应依靠投胎的运气。从效率的角度来看，父母—子女收入的高度相关意味着社会上很大一部分孩子没有得到足够的投资（而另一部分孩子则被过度投资了）。

我们不该忘记，收入的作用在社会顶层和底层尤其强烈。这就是我们需要特别关注儿童贫困问题的原因。美国的研究发现，贫困状况中的孩子要比非贫困状况中的孩子少上两年学。他们成人后也更可能处于糟糕的健康状况中，更容易犯罪及失业（Mayer，1997；Duncan and Brooks-Gunn，1997）。最糟糕的是，他们很可能成为贫困的父母。换句话说，这种综合征从上一代传到了下一代。在欧洲，贫困的影响可能稍微和缓一点儿，但这并不意味着它不重要（Gregg et al.，1999；Maurin，2002）。格雷格等人（Gregg et al.，1999）对英国的研究表明，儿童时期的贫困使得孩子获得高等职业训练的可能性减少一半，贫困家庭的孩子获得高等学术学位的可能性（比非贫困家庭的孩子）少三成。他们的研究将认知测试的年龄控制在七岁，这意味着他们研究的影响力是独立于“能力”这一变量的。法国

① 梭伦（Solon，1999）和科拉克（Corak，2005）对此做过概述。

的情形与英国相似。贫困家庭的孩子没有获得任何学位就离开学校的可能性比非贫困家庭的孩子高四倍（CERC，2004：107）。① 贫困可能不仅仅是父母支付能力的问题。一个额外的后果是，父母收入的不稳定会造成风险逆境，可能使得父母在孩子未完成学业时就终止其继续求学。在以上任何一种情况下，结果几乎是一样的。因此，如果有更多的儿童贫困和父母经济不稳定，我们可以预料到，这将对孩子的教育获得产生负面的结果，并且会对孩子成年后的就业和收入产生负面影响。

在单亲母亲家庭，贫困尤其普遍。在美国（McLanahan and Sandefur，1994）和英国（Gregg et al.，1999），已有广泛的研究记录了孩子在单亲母亲家庭成长所出现的问题。柯尔曼（Coleman，1988）报告说，在美国，出身于单亲母亲家庭的孩子的辍学率比出身于其他家庭的孩子的辍学率高30%。虽然影响的确存在，但要找出确切的原因却不容易。比拉茨和拉夫特利（Biblarz and Raftery，1999）认为，负面影响主要和贫困的社会经济条件有关，而不是和单亲本身有关。格雷格等人（Gregg et al.，1999）得出类似的结论，他们发现，当控制住经济困顿这一因素时，单亲父母的负面影响便消失了。反过来，伯纳尔和凯恩（Bernal and Keane，2005）则强调了消极的养育和社会化的影响。

大部分关于单亲母亲对孩子的影响的研究都是在美国得出的，在将其概化到欧洲时，我们需要更加谨慎。首先，在美国，未成年母亲和少数族裔（非裔）母亲占该群体的比例非常大；其次，和欧洲相比，美国的离婚情形更多地发生在低收入夫妻群体中。我们也不应该忘记，美国年轻男性入狱监禁的比例很高。事实上，从笔者对国际学生评估项目的分析来看，美国单亲母亲给孩子的认知测试分数所带来的负面影响（控制了移民状态、社会经济地位和母亲的受教育程度后）并不能延伸到大多数欧盟国家。事实上，从丹麦、荷兰和英国等不同国家得到的结果表明，如果单亲母亲有工作的话，她们的孩子的认知测试分数要相对好一些。这大概率是因为其可负担得起优质的家庭外儿童照料服务。

① 不幸的是，法国的估计值没有控制“孩子的能力”这一变量（如通过认知测试分数等形式）。

如果收入很重要的话，我们可以期望福利国家的再分配政策对机会（平等）产生重要影响。各国政府对有孩家庭的收入支持在广度和深度上都有巨大的差异。美国的减贫效果相对较小（大约降低了4个百分点），而北欧国家和法国则非常可观（瑞典降低了13个百分点，法国几乎降了20个百分点）。在美国，再分配以前的贫困率显然非常高，这意味着在转移支付之后，仍然有22%的有孩家庭处于贫困状态。相比较而言，在所有北欧国家，转移支付之后的儿童贫困率已降低到5%以下。①

如果再分配的目标是将贫困最小化，它明显是有不少优点的。但它也会使机会均等化吗？这取决于家庭收入在何种程度上真正影响了教育获得。迈耶（Mayer，1997）对此持怀疑的态度，他认为机会均等和那些陷入收入贫困的父母最初的特征更相关。即使金钱很重要，但再分配的策略也可能导致次级结果，如降低父母的工作动力。正如笔者将在最后一节讨论的，令人惊奇的是，将所有有孩家庭（的收入）提升到贫困线水平以上时，其宏观经济成本并不太高，而且对劳动力供给的冲击也可能不太大；但在成本和减贫效果方面，有一个更强的论点，即其有利于刺激母亲参与就业，尤其是对处于收入分配底端的家庭来说，当母亲尤其是单亲母亲参与就业时，儿童贫困的发生率降低了3~4成（Esping-Andersen，2002）。

反贫困的再分配对提高教育结果的影响非常强。埃克里森和约翰森（Erikson and Jonsson，1996）考察了代际的证据并得出结论：斯堪的纳维亚国家在过去几十年成功地减少了社会继承的影响，这归功于它们成功地遏制了儿童贫困，并保证了广泛的家庭经济稳定。如果这一逻辑成立的话，我们就可以得出一个有关“福利国家-公平”的争论的重要结论，即机会平等要求一定程度的结果平等。认为“此时此地”的公平不重要，只需要关注机会（平等）的观点显然是错误的。

如笔者下文将要探讨的，再分配策略的效果——如果不伴随着其他手段的话——是令人怀疑的。事实上，（保证）家庭收入可能不是推动孩子

---

① 从卢森堡收入研究（Luxembourg Income Study）的数据计算而来。在这里及其后全文，笔者以少于调整后的家庭收入中位数的50%来定义贫困。参见埃斯平-安德森和迈耶（Esping-Andersen and Myles，2008）的研究。

(拥有良好) 结果的最具决定性的机制。在家庭的学习环境以及父母的时间投入方面存在着一个可怕的对立。

(二) 父母时间投资的重要性

有工作的父母拥有的收入优势可能被养育缺失所抵消，因为他们用在孩子身上的时间更少。如果是这样的话，处于社会金字塔底端的孩子应该相当具有优势，因为受教育程度较低的母亲的劳动供给往往低得多。但这取决于三个其他因素：第一，取决于兄弟姐妹的数量，除了北欧国家，受教育程度低的母亲一般养育了更多的孩子；第二，取决于亲子互动的品质；第三，取决于家庭外照料服务的质量。毫无疑问，父母能给孩子的启发的质量和其受教育程度强烈相关——当然，也和“未观察到的”亲职能力有关。在社会顶层和底层不断增加的夫妻教育同质性可能使养育子女的“质量差距”加大。

事实上，似乎确实如此。父母时间投资的模式和密度正经历重大的——并且令人惊奇的——变化。多个国家的数据表明，平均来看，自 20 世纪 60 年代以来，总的亲职时间是增加的。正如第一章所讨论过的，这主要源于父亲参与孩子照料的激增。在 20 世纪 80 年代，母亲照料经历了小幅下降，但在过去几十年中再次恢复。数据均值具有误导性，因为其掩盖了亲职差距不断加大的现实（Bianchi et al.，2004，2006）。在受教育程度很高的人群中——这一人群中的母亲通常是有工作的——我们发现，在过去几十年里，父亲对孩子的时间投资有极为引人注目的增加。在美国和丹麦，父亲对孩子的时间投资翻倍了，而在英国，该数字几乎是过去的三倍（Hook，2006）。我们甚至可以看到受教育程度较高的母亲对孩子所投入的时间有所增加，虽然增幅小一些。此外，增加的时间多被用于和孩子开展“发展性”的活动。这意味着高学历的父母正将收入或者闲暇的价值打折扣，用以对孩子投资的最大化。但这似乎不是低学历父母的情况，因此，我们看到，在孩子认知和非认知启发的一个关键维度上存在不断拉大的社会差距。这个差距肯定不是小事。那些受教育程度较高的父母比受教育程度较低的父母贡献在（孩子）发展性活动上的时间多 20%（Bonke and Esping-Anderson，2008）。

母亲的就业对孩子的影响是一个颇具争议性的问题，尤其是在关于将生育导致的职业中断最小化方面。有很多的证据证明，在孩子一岁以内接受家庭外的照料服务可能是对孩子有害的。但好消息是，母亲在孩子出生一年后再出去工作是没关系的。也就是说，如果家庭外的照料服务质量较好，且母亲的工作是稳定的、没有太大压力的，母亲就业是不会对孩子造成有害影响的（Gregg et al.，2005；Ruhm，2004；Waldfogel，2002；Mayers et al.，2004）。我们从国际学生评估项目的数据中也可以看到，在大多数国家，母亲就业（包括全职工作）是有正面而非负面影响的。①

（三）家庭学习文化的影响

父母对孩子投资的质量与家庭的“文化资本”或学习环境有关。这对孩子的学业成功有着强有力的影响（de Graaf，1998）。学习文化不仅仅是父母教育或收入的一个副产品，它还可通过各种渠道运行。布迪厄（1977）强调，学习文化的第一个渠道是向孩子传输适当的“中产阶级”文化包袱——比如自我呈现技巧或语言技巧。第二个渠道与父母对教育的支持和评估，以及如何帮助他们在给孩子择校时做出最好的选择有关。低学历的父母可能很难协助孩子应付复杂的教育体系，尤其是如果他们自身就是提前离开校园的人。第三个渠道是指父母能给孩子的启发的质量，一般来讲，是指父母积极地激发孩子学习技能的能力。国际学生评估项目解释了这些作用，因为它们包含了三个“文化”的指标，其中，“家里的书的数量”在解释力方面是最强的。②

表 4.3 显示了笔者对国际学生评估项目数据的分析，该数据显示：在所有国家，“文化资本”比社会经济地位更能解释认知差异。从统计上讲，“文化”的影响力总是高度显著的，一般比和收入相关的因素的影响大得多。举例而言，笔者发现，对家中藏书少于 10 本的家庭的孩子来说，如果父母购买书籍的数量达到全国平均水平的话，孩子的阅读理解能力则能

① 需要对这一发现附加一个说明，因为母亲就业对女孩的影响是正面的（对男孩则不一定）。事实上，在一些国家，母亲就业似乎对男孩的影响是负面的。但这可能被以下事实反驳，即父亲可能更喜欢男孩。

② 该项目的其中一个测量使用了精英文化，如去歌剧院或听音乐会，但这实际上对认知技能没有影响。

改善9%。

表 4.3　15 岁孩子的家庭特点和识字得分：普通最小二乘法回归

	美国	英国	德国	西班牙	丹麦	挪威	瑞典
常量	425.11***	444.87***	375.85***	452.77***	388.89***	405.21***	433.43***
性别	18.96***	15.53***	25.58***	15.49***	20.24***	29.69***	27.53***
移民	-16.26*	-14.01**	-40.87***	-19.04**	-25.48***	-35.50***	-35.81***
父亲的受教育程度	3.5	0.76	7.54***	2.32**	8.19***	3.02*	-0.26
母亲的受教育程度：中等	13.8*	10.31	43.58***	19.44***	37.88***	30.62***	20.63*
母亲的受教育程度：高等	14.58*	15.42*	49.93***	14.12***	52.73***	20.48**	17.16*
社会经济地位	1.06***	1.17***	0.90***	0.60***	0.50***	1.01***	1.06***
文化资本	33.26***	40.65***	36.40***	39.74***	34.18***	38.78***	30.87***
母亲半职工作	16.51**	12.92***	4.96	-17.75***	8.21	4.99	5.21
母亲全职工作	-8.15	5.99**	-3.22	-6.03***	-0.78	3.04	7.48
单亲母亲	-17.82***	-0.10	1.72	0.36	-0.59	8.57	3.92
R^2	0.189	0.201	0.249	0.227	0.201	0.173	0.172
N	2 571	7 458	3 933	4 780	3 933	3 470	3 836

数据来源：OECD 国际学生评估项目研究数据。

注："母亲的受教育程度"的参照项是中等以下的受教育程度（初中 0—2）。"母亲半职工作"和"母亲全职工作"的参照项是母亲不就业。为了提高教育体系的可比较性，对美国，我们将"一些大专"（通常是两年）包含进高中教育。* $P=0.05$；** $P=0.01$；*** $P=0.001$。

"文化"问题的严重程度与缺少资源来充分启发孩子学习能力的父母的规模有关。在一些欧盟国家——比如西班牙和意大利——仍然有相当数量的成人只接受过最基础的教育。在最典型的亲职年龄范围内（35～44 岁），54%的西班牙母亲仅完成了义务教育——相比较而言，瑞典则只有 12%的母亲如此（OECD，2003）。在未来几十年，女性教育的跃进将缩小这个差距。比如，在西班牙，在比上述年龄段小十岁（25～34 岁）的年轻女性中，只接受过义务教育的人的比例就低了 13%。但我们也面临着一个相反的趋势，其是由大批普遍受教育程度低的移民造成的；另外，这些移民面临着多重的文化和教育劣势，这会严重地影响他们的孩子可获得的机会。

表 4.3 测量了 15 岁孩子的识字能力。如果笔者用数学测试的分数来代替的话，除了性别因素起的作用外，其结果和识字能力的测试结果会很类似。该表格肯定了前面所提出的论点。移民的作用是强负面的（并且一直是统计意义显著的），在多数情况下，母亲的就业对孩子的认知能力有着正面的影响。在另外的此处没有显示的分析中，笔者发现，在丹麦、法国、荷兰和英国等不同国家，单亲母亲参与就业的作用尤其正面。当然，我们必须记住，对母亲参与就业的影响的测量是在孩子十几岁时进行的。父母的受教育程度显然有非常重要的作用，但主要是通过母亲的受教育程度起作用的。表 4.3 显示的是非标准回归系数。标准化的系数（这里没有显示）允许我们测量家庭影响的相对重要性。尤其有意思的是，“文化资本”的作用几乎在所有方面都是“社会经济地位”的作用的两倍。

正如笔者已经宣称的，如果这些是解释代际社会继承的关键机制，我们可以更明确为何目前的社会趋势是令人担忧的，因为它们潜在地成了两极分化的来源。我们知道，收入不平等在加大，儿童贫困在加剧。同样，在受教育程度较高的父母和受教育程度较低的父母之间，他们对孩子的时间投入的差距也在加大。最糟糕的是，这两者似乎在很大程度上是共存的，并有可能形成复合效应。

四、一个社会投资策略

有多少政策会对孩子的生活机会形成正面影响？在“金钱”的影响方面，这可能不难想象。但我们能否从现实的角度提议福利国家规约父母的养育行为？

在某种意义上，这个问题和我们的文明一样古老。柏拉图曾十分担心雅典士兵的素质，赞成将无能父母的孩子从家中带走，由国家来抚养。以色列的集体农场意识形态肯定更加平等，因为它要求所有孩子应获得相同程度的启迪，因而应由集体抚养。显然，在先进的民主国家，所有现实的政策都摒弃了这些手段。父母想要（自己养育）小孩，因为他们自己对此有强烈意愿；而我们的社会是建立在坚定的原则基础上的，认为家庭的神圣本质上不可侵犯。那么，我们该如何设计一个可行的机会平等的策略呢？

（一）降低收入所起的作用

低收入对孩子的生活机会的影响表明其与收入再分配是相关的。儿童贫困既有社会成本，也有个人成本。前者显然是很难评估的，因为机制是间接的。前文提到过的城市研究所的研究主要关注三个宏观层面的影响：生产力、犯罪的成本和对健康的影响。该研究估计，整个成本相当于 GDP 的 4%，其中1.3%可以归因于减少的经济产出，另外 1.3%归因于犯罪，1.2%归因于健康影响。①

再分配可以成为与儿童贫困作战的有效工具。但我们不应该忘记，家庭转移支付是因其他的担忧而促发的，比如大家都承认生儿育女具有积极的外部性。当然，我们对法国和北欧国家的研究发现：看似有效的减贫是要付出代价的。有利于家庭的公共支出占北欧国家 GDP 的 3%～4%，在法国，这一数据为 2.8%，与之相对，其仅占美国 GDP 的 0.4%，占荷兰的 1.1%（从 OECD 的社会支出数据库的数据推算得来）。

乍一看，再分配似乎并不是有效的工具。法国以转移支付后大约 8%的儿童贫困率收场，尽管其投入的资源和北欧国家一样多。这是可以预料到的，因为法国转移支付以前的儿童贫困率比这个数字高约 10%。

收入再分配策略似乎很有吸引力，这是有其固有原因的。如果目标是完全消除儿童贫困（贫困定义为低于收入中位数同等值的 50%），令人惊奇的是，代价反而很小。对美国来说，就以其目前的儿童贫困水平来看，笔者预计，进行收入再分配所花费的成本仅仅是其 GDP 的 0.4%（Esping-Andersen，2002）。这比预估的美国消除儿童贫困所花费的社会成本少许多。但这种再分配必须年复一年地重复，而且所得的净效益应该是可以防止可能出现的次级效果的（比如减少父母的劳动力供给）。定向的转移支付方法可能无法获得广泛的民众支持，况且也和另外的基本公平原则相冲突：如果孩子产生了较大的社会外部效应（好的），而大部分养育孩子的成本内化到父母身上，出于对公平的考虑，更多人最后会倾向于选择全民的、非收入性的儿童和家庭津贴（这些津贴是渐进的、相当慷慨的）。如

① 出自城市研究所的哈利·霍尔策（Harry Holzer）于 2007 年 1 月 24 日在内务委员会所做的报告。

果那些没有孩子的人是搭便车的，应该要求他们付费。[①]

因此，儿童福利政策不应该和反贫困政策相混淆。如果我们的目标是减少或消除儿童贫困，我们可以用某种形式给予家庭最低保障，以补充标准的家庭福利。如果成本是 GDP 的 0.4%，我们就要将其和其他可能引起的次级效应相比较。比如，有了这些保障后，父母会减少就业吗？它有效地缩小了贫困孩子的教育获得的差距了吗？至于后者，我们对其有疑问是有原因的，因为学业差距肯定不仅受收入的影响，也会受其他看不到的因素的影响，其中有一些是和贫困不相关的，还有一些（比如糟糕的健康状况、少女怀孕）恰恰是造成贫困的原因。在任何情况下，如果通过采取其他方式来提高低收入家庭中母亲就业的比例，加诸收入再分配上的负担都将被显著缓解。

上文提到，当母亲参与就业时，儿童贫困的可能性会降低 3~4 成。在单亲家庭中，此种效果最强。这在单亲母亲就业率达 81%的丹麦或是达 35%的英国，都产生了很大的影响。康哥斯和利塔卡洛（Kangas and Ritakallo，1998）对此提供了特别有建设性的证据。他们模拟了一个场景，将法国的贫困率和北欧国家的转移支付体系及人口结构放在一起。法国在减贫方面的成果接近于北欧——但不是指转移支付后的儿童贫困率。因此，毫不奇怪的是，法国和北欧的低儿童贫困率十分趋同，而这得益于法国已育女性就业率的上升。但大家公认的是，已育女性是否参与就业完全取决于是否有可负担得起的儿童照料服务。

（二）学习环境均等化

我们现在意识到，真正有效的政策需要处理好家庭“文化”作用的问题。我们总是将所有柏拉图式的解决方案排除在外，因为对大多数人来说，这似乎完全不是政策所能解决的。现在，我们可能会问，政策如何能引导父母陪孩子阅读或指责孩子看太久电视？

我们可以在美国进行的对早期儿童干预的广泛评估研究中找到一点重要的线索。主要的——也是十分系统的——研究发现表明，对处于危险中

① 正如第三章所讨论的，科勒夫马肯（Klevmarken，1998）估算出，在瑞典，亲职的价值相当于 GDP 的 20%。

的学龄前儿童进行高质量的干预，会在提高他们的社会融合度、减少少年犯罪和延长就学时间方面产生极大的、持续性的效果（Carnerio and Hechman, 2003; Kamerman et al., 2003; Karoly et al., 2005）。佩林学前计划（Perry pre-school programme）强调对贫困儿童进行早期干预，并向其提供高质量的服务。该计划似乎在改善孩子成长的成果和成本的有效性方面都表现良好。巴纳特和贝尔费尔德（Barnett and Belfield, 2006）指出了一些极大的、持久的效果。初学者计划（Abcedarian programme）因其效果较好而获得广泛赞誉，该计划使得参与其中的孩子在高中辍学的风险降低了32%，上大学的机会增加了三倍。卡内罗和赫克曼（Carneiro and Heckman, 2003: 165）指出，到孩子27岁，该项目每投入1美元就收回了5.7美元的收益——这是因为孩子的犯罪行为减少了，也因为他们的学习能力得到了极大的提高。早年的学习使得他们后期的学习能力更好，糟糕的开端会使他们之后的学习能力持续低下。

这个成本—收益分析背后的逻辑是扣人心弦的，因为它将早期投资的积极协同效应（学习促进学习）包含进后期的成本里了。孩子越小，对其投资的回报越成倍地增加；这说明学前教育和早期的学校教育会产生极高的净收益。如果早期的学校教育的标准货币回报率在10%左右徘徊，那么我们可以预计学前教育的投资回报率可能是这个数值的两倍多。如果那些最可能在功课方面表现不佳的孩子的边际回报高得多的话，那么对儿童早期的投资应该产生一种均等化回报，这样就获得了机会均等。

但这些研究发现不应该不加批判地概化到欧洲，因为欧洲的儿童条件不平等状况没有那么极端。关键点在于，早期干预计划可以非常有效地使孩子获得结果平等；这些计划包括在行为和认知方面进行较强的启发，特别是对处于最危险状况中的孩子。因此，国家非常有必要为高质量的早期儿童照料提供资金补贴。

北欧国家的经验是与之相关的——不论是好的方面还是坏的方面。20世纪60年代晚期，丹麦和瑞典也开始大规模地、非常迅速地扩张学前机构，目的是保障全民可享有这些服务——这个目标在20世纪80年代就达到了。这个政策的目标并不是对孩子进行投资，而是使其成为一种调和母职和事业的工具。但为了迎合中产阶级家庭的品位，它必须保证服务的质量维持在一个比较高的水平上。正如我们在第三章中所看到的，丹麦以每三个3岁以下的孩子可享有一个照料者的服务的比例而自豪。

北欧的儿童照料政策在其发展道路上吸取了很多教训。比如，直到20世纪90年代，如果孩子的母亲在休产假或领了失业救济，孩子是不能被送到这些公共照料机构的。这造成了一些不良后果：考虑到失业、母亲处于非积极状态和高生育率所发挥的选择作用，许多本可以在公共照料服务中获得最大益处的孩子被排除在外了。直到近年，政策制定者才使得这些政策可以吸引移民和失业父母将他们的孩子送到公共照料中心。此外，父母假和儿童照料服务需要更好地同步发展。直到20世纪90年代，丹麦的产假/父母假组合才超过六个月，这意味着很大比例的婴儿在很小的时候不得不被送到托儿所里。

对这些国家，我们缺少系统的对儿童照料政策影响的研究。[①] 但间接的证据表明，全民参与的学前机构服务显著促进了教育获得的均等化；我们也可以说，这使得孩子们在国际学生评估项目或类似的测试中的成绩十分相近。也有一些更直接的证据。通过分析2003年的国际学生评估项目的数据，我们可以比较曾享受过一年以上学前教育服务的孩子和从未上过学前班的孩子的认知成绩。在美国，那些上过学前班的孩子在识字测试中的成绩几乎比从未上过学前班的孩子要高40分；在其他国家，学前教育的效果甚至更大，如在德国，上过学前班的孩子的认知成绩要比从未上过学前班的孩子的认知成绩高出90分，英国的这一数据则是60分。

在表4.4中，笔者采用国际成人识字率调查（IALS）的数据来比较各同期群的社会出身对其完成高中教育的可能性的影响。笔者将分析的重点放在受教育程度低的父亲的孩子身上。如果我们想探究社会继承的影响，很关键的一点在于须估计出社会出身对孩子能力的净影响。与格雷格等人（Gregg et al., 1999）的研究类似，笔者的研究也控制了孩子的认知测试分数、性别和移民状态等变量。研究追踪了三个同期群，最年长的出生于

---

① 安德森（Andersson, 1992）提供了一个少见的例外，在瑞典，日托服务对孩子的发展是有积极作用的，尤其是对贫困家庭。

1945—1954 年，最年轻的出生于 1970—1975 年。此外，笔者还比较了北欧三国和德国、英国及美国的社会继承趋势。

表 4.4　受教育程度低的父亲的影响：高中教育水平获得，控制了认知测试分数、性别和移民状态（对数差异比）

	美国	英国	丹麦	挪威	瑞典	德国
同期群 1	0.115***	0.185***	0.449**	0.661*	0.320**	0.094***
同期群 2	0.097***	0.153***	0.248***	0.447**	0.164***	0.067***
同期群 3	0.133***	0.162***	0.213***	0.205***	0.091***	0.098***

数据来源：1996 年加拿大统计，国际成人识字率调查数据库，目录 89 - 588（Statistics Canada, IALS, International Adult Literacy Survey Database, Catalogue 89 - 588, 1996）。同期群 1 出生于 1970—1975 年；同期群 2 出生于 1955—1964 年；同期群 3 出生于 1945—1954 年。认知测试分数是通过对阅读理解能力进行测评而得出的。推算的参考组选择的是国际教育标准分类中处于 3 或更高等级的父亲。

显著性水平：* $P=0.5$；** $P=0.1$；*** $P=0.05$ 或更好。

在德国、英国和美国，社会继承的趋势和“恒流”情形相当一致。在这些国家，我们没有看到出身对各同期群的教育获得的作用有所降低——且在半个世纪里都是如此。比如，在美国，那些受教育程度较低的父母的孩子完成高中教育的概率大约是受过高等教育的父母的孩子的十分之一（最年轻的同期群所受的影响力是 0.115）。相反，在三个北欧国家，上述联结程度有非常显著的降低趋势，这种情况主要发生在最年轻的同期群中，即第一代享受全民儿童照料服务的人群中。对于最年长的同期群来说，他们获得高等教育的可能性是那些父母都受过高等教育的人的五分之一。对于最年轻的丹麦同期群来说，相对可能性已较原来降低了一半。如果我们进行跨国比较，会发现丹麦受教育程度低的父亲的孩子完成高中教育的可能性比美国（或德国）相同处境下的孩子要高几乎五倍。

当然，这些结果并没有显示均等化是不是由儿童照料、收入再分配，或由两者的结合而决定的。遗憾的是，国际成人识字率调查的数据并没有提供收入信息，但时间点上的巧合非常具有启发性。很明显，尤其是在丹麦和瑞典，均等化的大幅提高主要集中在最年轻的同期群中。事实上，在这两个国家，这是第一个群体里大部分孩子都接受过学龄前教育的同期群。

国际学生评估项目为我们的研究提供了一些补充性的支持数据。从这些数据中，我们可以看到接受早期的儿童照料服务是否会对孩子 15 岁时的认知测试成绩产生影响。对大多数国家来说，接受早期儿童照料服务会显著提高测试分数。比如在丹麦，接受过早期儿童照料服务的孩子的分数要比其他人高出 40 分（或 10%）。[①]并且，接受早期儿童照料服务的经历削弱了社会经济出身、父母的“文化资本”、是否为移民小孩以及母亲的受教育程度是否低等因素的解释力。

如果早期的儿童照料服务会补偿不平等的文化资本，我们推测，后者的解释力在北欧国家将比世界上任何其他地方都弱得多。因为接受全体民众可享有的质量相似的儿童照料服务，可以帮助消除（父母受教育程度低、文化资本少的家庭的）孩子们所遭受的启发上的差距。分析国际学生评估项目的数据，我们发现，在斯堪的纳维亚国家，父母的“文化资本”（以及社会经济地位）的影响力比其他地方都系统性地小一些。

因此，为了追求更多的机会平等，为其提供高质量的儿童照料服务和学前照顾服务可能是真正有效的政策。因为能获得儿童照料服务同时是母亲参与就业的前提——母亲就业能产生正面的收入效应。因此，推广儿童照料服务将是一个完美的双赢政策。为此，我们需要更细致地讨论个中关系。

（三）母亲的就业和孩子的成果

母亲就业所获得的收入可能被“养育”过程中潜在的负面后果所抵消了。有研究结果表明，出生一年内的孩子便接受家庭外照料可能是有害处的。如果我们认真对待这个发现，就可以在政策方面保证将近一年的带薪产假和父母假结合起来。在丹麦和瑞典，假期制度允许父母在婴儿 1 岁以前都能待在家里——并且是保留全薪待在家。大部分欧盟国家的带薪产假的时长是不超过四个月。[②]

---

① 在英国或美国，参加学前机构（培训）并没有对统计产生显著的影响。也许是因为，在这些国家，儿童照料服务的质量良莠不齐；或者是因为，高质量的项目资源倾向于那些资源已经很丰富的孩子，因此有了选择效应。

② 在这里，带薪产假意味着已育女性可获得超过薪水 50% 的福利。这个标准非常重要，因为如果职位替代水平比它高的话，对大多数已育女性来说，延长的假期所带来的机会成本就会非常高。

非常短的假期安排可能会产生两个问题。首先，它可能将母亲很早就推回到工作岗位。举例来说，60%的荷兰母亲在孩子出生六个月内就返回职场（荷兰的带薪产假只有四个月），而所有的丹麦母亲在产后10~14个月内才返回职场（Simonsen，2005）。其次，过短的假期安排也可能使母亲退出劳动力市场。大约25%的荷兰母亲退出了劳动力市场，而在丹麦，退出劳动力市场的母亲几乎可以忽略不计（Gustafsson and Kenjoh，2004）。

政府为女性提供一年的（带薪）休假制度的成本是很大的。拿丹麦做一个参考基准，其成本相当于GDP的0.6%。这必须和收益相比较。依照如姆（Ruhm，1998）的计算，带薪产期能促进3%~4%的女性就业，并且假后的工资更高。因此，更长假期所付出的成本就会进一步被提高的职业收入和纳税所弥补了。我们也应该评估孩子婴儿期有父母陪伴所产生的正面效应的价值。如上讨论，母亲在孩子1岁以前就返回劳动力市场可能对孩子的健康和认知发展有害。瓦尔德弗格尔等人（Waldfogel et al.，2002）发现，这样的负面效应在低收入家庭中表现得更加明显。

如果我们再看孩子1岁以后的情况，就会发现影响母亲就业的最主要的障碍在于缺少可负担得起的儿童照料服务。如第三章所讨论的，如果儿童照料服务的成本是独立于母亲（或者家庭）收入的话，该成本就变成了递减税。在多数国家，减税是通用的办法，但这不可能消除递减的发生率，因为减税在一开始就和低收入家庭没有多大关系。

在多数国家，针对3岁及以上孩子的幼儿园服务几乎是全民可享有的，通常被整合进教育体系（因此是免费的）。关键的问题在于3岁以下的孩子如何被照顾。在欧洲大部分地区，传统的解决方法是由家庭照料——由祖母照料。这个选项现在过时了，因为家庭照料提供者的储备正在快速下降。私人的儿童照料市场可能会因高价和质量分化而繁荣，就如在美国发生的情况一样。但在大多数欧盟国家，因为成本很高，高质量的私人儿童照料服务非常有限。在北欧国家（如果放宽些，还有比利时和法国），其对3岁以下的儿童照料服务进行补助。但因为设计的不同，其结果大不相同。在法国，对一个标准的双职工家庭来讲，一个3岁以下孩子的照料费用花费了家庭收入的近25%，而在丹麦，这个数字仅为10%

(Immervol and Barbe，2005)。这解释了为什么丹麦 1 岁孩子接受照料服务的比例大约是法国的两倍。

早期的儿童照料服务对孩子潜在的学习影响也可能不同。法国的儿童照料服务大约覆盖 40%的 3 岁以下儿童。这些孩子中只有半数参加了以中心为基础的照料服务，剩下的一半孩子则由个体的照料者照顾。相反，北欧的方法（尤其是丹麦）是以高质量的全天照料为前提的，并保证所有孩子都能获得这些服务。毫无疑问，这种方法需要政府支付很高的补贴，因为父母分担的费用仅仅是总成本的 33%，而低收入家庭的父母则完全不用负担。

为了评估政府是否能保证对儿童照料服务的公共补贴，我们需要审视两个不同的成本–收益逻辑：儿童照料服务如何影响女性就业和收入，以及儿童照料服务如何影响孩子的（学习）成果。对于前面一个逻辑，我们有清楚的证据证明：儿童照料服务提高了母亲就业的水平。一项丹麦的研究表明，家庭所负担的儿童照料成本每减少 100 欧元，对女性就业就有 0.8%的提升（Simonsen，2005）。因为儿童照料服务利于母亲更快地返回工作状态，母职所带来的终身收入惩罚就有了极大的降低。如笔者在第三章中讨论的，额外获得的终身收入和与之相关的向政府缴纳的更多税费基本上能够抵消最初花在儿童照料服务上的公共补贴。

从某种意义上讲，如果儿童照料服务因为女性终身收入更高而收回了成本，那么可能就不需要在孩子的（学习）成果方面进行成本—收益计算了，因为它产生的所有学习方面或行为方面的正向效应可以说是免费获得的了。在这种情形下，评估实践仅需要审视教育系统的质量提升（比如师生比或教学内容）所带来的边际学习效应，或者审视教育是否扩大了服务范围，覆盖了需要（此项服务）的孩子（比如移民出身的孩子）。好消息是，高质量的早期儿童项目的回报可能是很大的。卡内罗和赫克曼(Carneiro and Heckman，2003）推算，每 1 美元的投入或可产生 5.6 美元的回报，甚至这个数字是十分保守的。更近期的研究提出，每 1 美元的回报可能超过 12 美元。但这些估算是针对贫困儿童的，我们知道，他们会从这些服务中收获良多。

因此，我们应该支持一个定向的目标，而不是像丹麦一样推出全民服务政策吗？如果我们的主要目标是营造一个公平的竞争环境，精准定向的方法似乎是更有效的选择。赞成或反对定向的方法，首先取决于我们是否在更广泛的意义上计算加诸“公平”上的价值。正如美国的经验所显示的那样，为那些最贫困的儿童提供定向服务，能够缩小那些处在社会最底层的儿童的成绩差距。但除非定向服务是很丰富的，否则并不必然能从整体上形成生活机会的更为均等化。美国的“领先计划”仅仅覆盖了7%的3岁及以下的孩子，因此远未深入整个处于危险中的群体（我们记得美国的儿童贫困率在20%左右徘徊，那些认知测试分数在国际学生评估项目最低分以下的占了18%）。在剩下的所有儿童同期群中，93%的儿童所接受的照料服务从很大程度上反映了其父母的购买力。有大量的研究证明，美国早期儿童照料中存在巨大的不平衡（Blau，2001）。

更普遍地来说，定向政策的两难在于如何保证福利确实惠及有此需要的人群。对美国的方法和英国的“确保开端计划”进行一个比较会很有意思。前者将问题家庭作为目标，后者将高风险社区作为目标。但两种方法都不能保证可以充分地处理“需求”的问题：只有当问题家庭的问题显而易见的时候，认定问题家庭才是容易的；在“确保开端计划”中，则无法确保所有有需要的人都住在高风险社区。影响有效的定向政策制定的真正障碍在于，多重机制会对儿童产生不好的影响。收入贫困很容易辨认，但父母的养育实践却不好辨认。

选择普世的服务的最大好处是能保证所有的孩子（不论出身如何）都能享受相似的（高）标准服务。如果制度能够将来源于不同背景的孩子混在一起，那将更好。美国的评估研究表明，将社会地位低的孩子和背景更好的孩子混在一起能使他们受到更好的影响（Hanusheck et al.，2003）。但北欧的覆盖全员的普世模式有很明显的缺点，即最贫困的孩子可能需要额外的资源和关注。这个问题的一个例子是，来自移民家庭的孩子的参与率比较低。因此，我们可以号召各方以某种形式的支持行为来进行补充，比如给定向团体特别的激励。

五、结论：帮助家庭投资在孩子身上

在过去半个世纪，人力资本投资几乎无一例外地投向了正式的教育。直到近期，我们才意识到学习的基础——以及不平等的主要原因——根植于童年的学龄前阶段，而学校一般配备有限，无法对出身差的孩子的较低起点进行弥补。对于政策制定（者）来说，“学习—促进—学习”的模式将以上洞见向前推进了很重要的一步，因为该模式帮助我们认识到了对儿童早期生命历程的技能投资所带来的相对回报率。很明显，对处于学龄前阶段即0~6岁的孩子进行投资会产生最高的回报率，而若在之后再投资，回报率则会呈指数式下降。该模式同时和机会平等政策相关，因为它对贫困孩子投资的回报率也尤其高。

所有这些都表明，我们需要对人类资源政策进行再次评估。首先，所有发达国家的教育支出与“学习—促进—学习”的视角所指向的方向完全相反。从学前教育到大学教育，每个学生所需要的教育支出直线上涨。[①] 在高等教育阶段，我们在每个学生身上所付出的投资平均是学前教育时期的两倍。而且，大多数国家对学前教育阶段的支出是集中在3~6岁的孩子身上的。除了北欧国家以及比利时和法国，其他国家投资在3岁以下孩子身上的支出真的很少。

在旨在提高我们人力资本储备平等性的政策中，对机会平等和未来生产力的担忧是同时存在的。在许多国家，技能不足的青年所占的比例较大，他们可能没有获得正式的资质，也可能没有足够的认知和非认知能力。考虑到社会对技能的要求正持续提高，这些青年技能不足的情况需要我们予以关注。国家之间的差异不是遗传的，因此政策和制度非常重要。

我们相信，关键的机制在于童年早期，并且普遍集中在家庭中。从这种信念出发，我们需要制定能帮助家庭给予他们的孩子最好的生活机会的政策。一个核心议题在于，很强的社会继承机制（和生物继承机制不同）

① OECD的教育数据库对每个学生支出分配的细节均有记载。对于高等教育阶段的支出，我们应将对科研和发展的投资排除在外。在高等教育阶段，肯定不可避免地需要更多的支出（比如在化学实验室、图书馆等方面的支出）。

仍将持续存在。一般来说，传统的理论强调了金钱的影响力，尤其强调了贫困的力量。毫无疑问，这是造成学业成绩分化的一个重要原因，也是造成生活机会不平等的原因。但社会科学家和政策制定者对造成劣势的代际传递中的非经济因素给予的注意力的确非常少。尽管这方面的研究依据的基础不是那么稳固，但如下论断仍是可靠的：非经济因素所起的作用即使不比经济因素（如收入）所起的作用更大，最起码也是一样的。在某种程度上，这两者是同时存在的：未成年母亲、移民父母以及受教育程度低的父母更可能是贫困的，但我们肯定触及了两个相当不同的维度。这意味着仅仅建立在收入再分配基础上的策略不可能完全成功。

相反，证据表明，不论是从成本效益的角度来看，还是因为它能让所有的孩子都有一个更公平的起跑线，双管齐下的政策都是有吸引力的。简而言之，该策略可凝结成一个早期的儿童照料政策。针对有孩家庭的收入再分配制度肯定是能起作用的，但需要额外强调一点：如果这些家庭中的母亲能外出就业的话，加诸再分配上的负担就会减轻不少。受教育程度低的女性的经济活跃度较低，而能获得可负担得起的儿童照料服务于她们而言是解决其经济活跃度问题的唯一办法，而这后面有多重原因。但是，如果母亲能在休产假的过程中获得足够的收入，并且政府对其配偶实行“中性税收”，这样的政策应该能在较大程度上提高她们的就业率。这样的就业率提高能产生双重的好处：它能够降低贫困程度；如果家庭外的儿童照料服务质量高的话，还能对儿童启发具有正面作用。即使高质量的儿童照料服务对儿童没有多大的正面影响，该政策也是符合成本效益的，因为更高的女性就业率和她们更多的终身收入可以提高社会大众的收入基数。

即使我们认同家庭“文化资本”的关键作用，但似乎很难设计一个校正亲职质量和投入方面差异的政策。笔者已经试图将关于父母养育对儿童早期影响的观点整合在一起，但仍有两个很突出的因素存在。其一，将1岁以内的婴儿放到家庭外照料，可能会对其后期的发展有害。其二，如果家庭外的照料服务质量很高，它对孩子在学校表现的影响明显是正面的，对来自贫困家庭的孩子来说更是如此。这种正面的影响将一直持续到完成学业后的成年时期。

亲职状况似乎呈现两极分化的状态。受教育程度较高的父母为孩子投入更多的时间和精力，并且和受教育程度较低的父母之间的差距正在拉大。养育的差距主要是由父亲的投入差异造成的，这反过来又和妻子在家里的议价权力相关。通过收入转移和/或支持母亲就业，有些政策提高了母亲在家庭内部的议价权力。因此，这些政策缩小了受教育程度不同的父母在儿童投资方面的社会差异。

总之，将孩子 1 岁以内的带薪父母假和可负担得起的高质量家庭外照料服务结合起来的政策，应该能在孩子的学业准备平等化方面产生重要的红利。但在政策设计方面，存在两难局面。因为这些政策给贫困家庭的孩子带来的回报尤其高，因此，若我们简单地做一下成本—效益估算，就会建议在政策设计上采用一个精准定向的方法。那么，推荐采用一个广泛的全民模式需要哪些理由呢？

从一开始，我们就需要记住，儿童照料服务显然具有双重功能：支持母亲的就业和促进儿童的社会化。丹麦的政策制定没有采用盛行的成本结构方法，其政策规定父母要分摊一部分数额较大但不会过高的费用，这部分费用由收入的多少决定多寡，因而该政策显然是有效（全民覆盖的）且公平的。它可能给收入分配顶端的人带来较大的负担，但对于丹麦的政策制定者来说，这是可接受的，因为反过来，该政策可保证将所有的社会阶层都包含进来，并保证他们在投票时支持这个综合系统。另一个有关公平的问题也很关键。如果亲职的正外部性很大，很明显，再分配应该对所有的父母实施，而不是从一些父母那里征收再分配给其他父母。

这为我们带来倾向于普遍主义的第二个标准论点，即要有足够的财政供应，因为民众对政策的广泛支持是十分必要的。第三个重要的考量在于很高的交易成本以及很难确定相关对象的需求是什么。对低收入家庭施行定向的政策可能比较容易执行，但我们必须记住，学习能力也和家庭“文化”有很强的关联。但家庭“文化”这一维度实际上不可能得到任何公共机构的认定。

最后，是赞成还是反对采用精准定向的方法，基本上取决于我们有多大的信念来实现技能均等化。如果我们的目标限于“提携后进者”（或许可以这样描述美国的政策），精准定向的方法会是一个更好的选择；但如果我们追求更普遍的、在所有人中实现将（非生物的）不平等对孩子的生活机会的影响降至最小的目标，精准定向则不是一个好的选择。这种（惠及）全民的方法的一个缺陷是，它可能无法完全实现“提携后进者”。真正处于弱势的孩子可能需要额外的照顾，这意味着覆盖全民的政策设计需要和某种形式的“平权措施”（affirmative action）干预相结合。

余下要解决的问题就是如何去吸引那些最难吸引的人来参与，而这些人也很可能是从政策中受益最多的人。在美国，“平权措施”政策有很长的——偶尔也很成功的——历史传统，但欧洲的政策制定者对其则是比较陌生的。在很大程度上，“平权措施”干预是为克服种族与族群歧视和隔离而设计的一个方案。而直到最近，这些问题在欧盟大多数国家都不是特别紧急的问题。但现在，它们迅速地成了急迫的问题，尤其是在庞大的移民群体中，我们注意到了明显的教育和技能差距。

“他山之石，可以攻玉”，别处积极的经验可以帮助我们思考。丹麦政府受美国政策的启发，采用将移民的孩子安排在非移民社区的学校的方法来减轻移民学校和儿童照料的隔离问题。这一措施已经取得了一些明显的效果。我们也可以学习巴西以前的卡多苏政府所采取的措施，它们用金钱激励父母，以保证他们会把自己的孩子送去上学。即使上学是免费的，移民父母通常也不愿意将他们的孩子送去接受义务教育，更别说之后的非义务教育了。这会给孩子的语言学习和学业准备带来很大的负面影响。但考虑到每增加一欧元可以给低收入移民家庭带来较高的边际效用，金钱刺激可能会增加他们孩子的入学率。

也许结束这章的最好方法是呼吁我们选出的政府代表能考虑我们如何在欧洲有需要的地方实施平权措施。

第五章　老龄化与公平

在过去的五十多年时间里，“福利国家处于绝望的危机中”这一言论以惊人的规律性消长起伏了好多年。① 在20世纪50年代，福利国家的迅猛发展使得许多经济学家感到惊慌，他们认为这样会不利于经济发展。然而，鉴于接下来二十年里经济出现了前所未有的增长，这一论断显然是错误的。十年后，警报又被拉响了：左派坚称福利国家没有为消除贫困付出多少努力，因而断定福利国家是完全失败的。但是这一危机再一次被事实化解了：20世纪六七十年代，贫困人口大幅度减少，因为养老金改革为退休老人提供了可观的收入保障。20世纪80年代出现了另一个危机，通过经济合作与发展组织举办的一场广受公众关注的主题为“危机中的福利国家”的会议，这一危机迅速被官方和国际社会所认可。经济学家和新自由主义再次回归，并声称福利国家是造成通货膨胀和经济停滞的根本原因。自那时起，福利国家的经济增长已经超过了25%，通货膨胀也消失了。诊断再次出现偏差。

二十年过去了，我们又面临了福利国家的另一个危机，这次危机是由人口变化引起的。有预测估计，人口老龄化会增加额外的社会支出，而这类支出的幅度（之大）将拖累福利国家，使其变得不可承受。许多人担心人口老龄化会引发代际的不可调和的冲突，并且由于老年人口的不断增加，老年人会赢得最终的胜利。

---

① 本章更早的一个不同版本是和约翰·迈尔斯合作的，发表在G. 克拉克、A. 孟内尔和M. 奥扎格合编的《牛津养老金与退休收入手册》中［G. Clark, A. Munnell and M. Orzag（eds.）, *The Oxford Handbook of Pensions and Retirement Income*（2006：839－858）］。

一、老龄化的挑战

人口老龄化，简单地说，是出生婴儿少和长寿老人多的后果。低生育率意味着老年人配额的增加，长寿意味着老年人寿命更长。由于低生育率是原始因素，故而伴随着人口下降，人口老龄化问题将更加严重。如果人口急剧下降，就会导致累积需求的减少和生产力的下降。

出生率的高低会引起戏剧性的变化，看似细微的差异都将产生深远持久的影响。正如第三章中所讨论的那样，平均每位妇女生育的子女数持续地低于1.3个——就像南欧的情况——这将导致21世纪末其人口仅为目前人口规模的四分之一。在这种情况下，意大利的人口将缩减至1 200万。法国、英国和北欧国家的生育率约为1.8，其生育率处于欧洲的较高水平。如果可以保持这种生育率，那么21世纪末的人口流失将控制在15%以内。整体来看，欧洲的生育率已经稳定在1.5了，至于这对我们的经济意味着什么，我们已经有了一个相当稳定的预后。据经济合作组织和欧盟经济财政理事会的经济学家们估计，仅仅因为人口统计状况不利，欧盟的经济增长每年将减缓0.7%或以上。

为什么老龄化会导致代际冲突？其合理解释是：选民平均年龄趋于更老，这意味着选民越来越偏好支持领养老金者的利益。事实上，目前欧洲选民的平均年龄已经接近五十多岁。在政治上更为活跃的似乎是老年人，而且青年人群受低生育率的影响，规模是相当小的，当我们考虑到这些事实时，政治蓝图似乎更趋向于向老年人游说。结果，我们可能会面对一场零和博弈，即我们对老年人慷慨大方，而在孩子、学校和家庭方面却投资不足。

正是在这样的背景下，养老保险改革已成为政治战场的核心焦点。我们发现，几乎所有国家的政治倡导者都在推行相同的解决方案。新自由主义者主张私有化，而工会和养老金游说者则坚持认为必须不惜一切代价保持这种现状。这些立场既不现实，也不公平。福利国家现在的人口学特征预示着我们必须加快步伐进行重大改革，包括那些老龄化进程比较缓慢的国家，如法国和斯堪的纳维亚半岛（的国家）。常识告诉我们，为了享有合法性，我们在进行改革时必须首先考虑公正原则。公正的老龄化政策首先需要在老人与年轻人之间公平分配老龄化的成本，这一点并不是特别有争议的地方。但我们面临着一个棘手的公平问题，因为“死亡不是民主的”。富人的寿命远远长于穷人，这在每一代的退休者中都产生了极大的不公平。

老龄化本身不是史上的新鲜事。在过去的一个世纪里，我们的社会已经变得越来越“老”了，但我们所处的时代有三个主要特征。第一个特征是老龄化进程发展飞速。21 世纪中叶，发达国家的老年人口将平均增加一倍。2040 年左右，“婴儿潮”一代的最后几年逝去后，老龄化进程将进入顶峰。这时，欧盟 25%以上的人口将超过 65 岁。

第二个新的特征是，我们如今已经非常健康了，这意味着预期寿命实现了巨大飞跃。自 20 世纪 60 年代以来，我们的寿命已经延长了十余年之久。如今男性退休人员的平均寿命为 80 岁，女性退休人员的平均寿命为 85 岁。因此，不仅退休人员越来越多，而且他们花费退休金的时间也越来越久。“超高龄”（80 岁以上）人群的比例每二十年翻一番。21 世纪中叶，他们将占据总人口的 10%。由于“超高龄”人群脆弱性和依赖性的加深，因而社会对老年护理方面的需求也大大增加了。

第三个历史性的新颖之处在于，（进入）老年（期）与退休同时发生。在我们的社会心态中，我们都将退休这一观念根深蒂固地印在脑海中，但即使在现实中，这也只是近代才有的产物。在过去，大多数工人无法选择退休，基本上是因为养老金（如果有的话）很少。如果他们停止工作，通常是因为残疾或下岗。① 这就是为什么“老年”在 20 世纪 60 年代末几乎是“贫穷”的代名词。这种现象在过去的 25 年中发生了变化。老年人的收入不断上升，退休年龄也在不断下降，老年贫困的彻底消除

① 科里等人（Kohli et al.，1991）、帕里尔（Pallier，2002）和利归马德（Guillemard，2003）对“退休”的产生有非常精彩的概述。美国社会保障局在 20 世纪 50 年代对新退休的人员进行了调查，发现他们中的绝大多数（90%）是因为被最后一份工作的雇主解聘或因健康状况差而产生的“退休”。少于 5%的人报告说他们是自愿退休，也不是为了享受闲暇而退休的。到了 20 世纪 80 年代，因下岗或健康状况差而非自愿退休的人只占退休人员的 35%，大部分人是自愿退休的（Burtless and Quinn，2001：384）。

是大多数发达国家的一个非常现实的发展前景。

当飞速发展的老龄化与慷慨大方的养老金政策以及提前退休趋势相结合时，老年人的开支将不可避免地扶摇直上。如果我们无法接受未来退休人员的福利水平低于目前的水平，那么总的退休支出将增加大约50%。但是我们要记得，可以承担这个额外负担的（处于工作年龄的）群体是较小的。

据预计，老年护理领域会随着养老金的增加而有更大的需求，这不仅仅是因为超高龄人群增长迅猛，更因为传统意义上非正式的家庭照料者形成的储备正在渐渐消失。一般而言，老年人的医疗保健消费是非老年人群的3.2倍以上，而对75岁以上的老年群体来说，这个比例已增至4.1。以瑞典和丹麦为基准，若向体弱的老年人提供完整的家庭外护理，其成本将占GDP的3%。据人口推测预计，在养老价格和老年群体体弱水平稳定的前提下，2030—2040年，老年人群的护理成本将超过GDP的6%。但是，由于护理服务生产力的滞后，相对而言，养老价格一定会不可避免地上升；同时，由于老年人健康状况的改善，其脆弱性水平可能会有所缓解（Jacobzone，1999）。

总而言之，我们应该提前考虑未来几十年里老年人支出增长的问题，其支出增长约占GDP的10%。而我们所面临的挑战是如何公平地管理这个巨大的支出增长。

二、福利体制与老年人

国家已经成为老年人的储蓄罐。如今发达国家的人民理所当然地认为国家应当对老年人的福利问题负主要责任。调查研究也表明，公共养老金计划可获得大量选民的支持。然而，我们很容易忽略一点，即市场和家庭仍然是老年人享受福利计划的重要组成部分。

家庭为老年人提供服务（如护理）、消费和收入等。而市场所提供的工作收入可以转化为退休财富，私人供应商可能会售卖护理服务和退休计划。政府在人们整个生命历程的不同时期和不同家庭中重新分配收入和服务。大多数退休人员都会享受到这三种不同的福利投入。就养老金收入而言，各国政府的再分配均占主导地位（虽然一些国家的私人养老金计划也是相当重要的）。

从经济上来说，如今的老年人生活得很好，这不仅是因为他们有丰厚的养老金，更因为他们中的大多数人拥有良好的工作与生活，这反过来使他们积累了资产和储蓄。我们可以这样说，这一代人很受劳动力市场的优待。① 然而战后几十年内退休的那些老年人就没有那么幸运了。事实上，他们属于史上不幸的几代：出生于19世纪末，成年于第一次世界大战期间，他们的职业生涯开始时又恰逢通货膨胀时期，接着又受经济大萧条和第二次世界大战的影响。他们几乎积累不了什么财富。所以20世纪60年代出现大量的贫困老年人是不足为奇的。

家庭主义的两面性

老年人一般不再需要依靠孩子来养老，但这并不意味着亲属关系会因此而有所削弱。事实上，恰恰相反。我们可以更为详细地探讨几代人是如何进行金钱和关怀支持的交流的。正如本书第三章所讨论的，我们必须区分家庭互动的频率和强度。如果关怀需求不那么强烈，则表明家庭成员间的见面会更加频繁。这意味着强劲的家庭福利模式可能会在培养家庭团结方面取得适得其反的效果。

与孩子住在一起是家庭主义很强的一个表现。一方面，我们发现意大利和西班牙的家庭主义最强，大约有30%的老人与他们的孩子生活在一起。另一方面，在丹麦，实际上已经没有老人与孩子生活在一起的情况了。法国的（这一）比例为18%，在以上两者之间。但即使不住在一起，孩子们还是会继续照顾他们年老体弱的父母的。家庭扶持是双向的，实际上，更多的是老人对孩子的支持。

据代际收入转移研究，我们发现钱主要是从老年人流向年轻人。在法国，22%的老年人会把钱给他们的孩子，而只有1%的孩子会给老人钱，老年人（每年）流向年轻人的净余额为2 900欧元。但家庭的投入仍然存在，在许多国家，这是老年照料的主要来源。在典型的欧洲大陆国家，约有

---

① 老年贫困绝非主流，主要局限在部分民众（比如寡妇）身上，她们一生的工作时间很少，或者根本没有外出工作过。

三分之二的老年照料来自家庭成员内部。就覆盖全民的公共老年照料而言，北欧国家是独特的。这意味着北欧国家的年轻人虽然孝顺父母的频次较高，但时间较短。在法国，这样的公共服务是比较少见的，12%的法国老年人皆受子女的照顾，其子女花费的平均时间是北欧子女的两倍（每周9小时）。①

如果我们面临着来自老龄化的巨大成本压力，那么未来我们是不是可以让市场和家庭在这方面发挥更大的作用？一个得到许多人支持的对策，是通过鼓励储蓄私人养老金和引导家庭成员（主要是女儿）继续照顾他们的老年亲属来减少公共开支。

关于退休的争论片面地集中在公共财政方面，这可能会产生错误的结论。如果我们的目标是继续履行福利承诺，那么将成本转移到市场交易或家庭支持上也不会减少需要动用的额外资源。未来老年人耗费的政府开支可能有所减少，但这并不意味着他们消耗的国民生产总值会减少。

如果替代性方案更具吸引力、更有效，那么我们就有很好的理由来减少政府干预。正如前文所述，依赖家庭照料实际上可能会削弱血缘亲属关系，而且老人寿命的延长往往意味着他们将更加脆弱，因而需要高强度、全天候的照料。如果要求家庭成员负担此类照顾，可能许多人都会退避三舍，这意味着家庭凝聚力将会被削弱。当需要高强度的家庭照料时，一些家庭成员（通常是女儿）会被迫放弃就业。在追求同样的目标的情况下，家庭福利解决方案会取得适得其反的效果。

许多人提倡以市场代替政府发挥作用，但市场的重要性因国家而异。在欧洲大部分国家，通过雇主发放的养老金和个人退休金而积累的私人资本储蓄大多是微不足道的，但在大多数英美国家以及荷兰却发挥了很大的作用。随着民众对公共部门计划的微调和利于私人退休计划的新税收优惠政策的积极响应，私人资本储蓄的意义可能会有所增加。

私有化可能减少了国家财政的压力，但它不太可能改变未来的成本问题。不管是公共养老金提供的资金还是债券和股票取得的投资回报，

① M. Albertini, M. Kohli and C. Vogel, "Transfers of time and money among elderly Europeans and their children", Free University of Berlin Research Report, no. 76 (July, 2006).

退休人员的总消费的比例将会不断上升。事实上，私有替代方案可能花费更多的费用，因为它们不可避免地将产生更大的交易成本。正如汤姆森（Thompson，1998：44）所观察的那样，如果私人退休计划确实产生了其支持者承诺的更高的净回报，那么结果将是进一步提高未来的退休支出；对大部分家庭而言，居住照护将因价格过高而被挤出市场。

私人出资的养老金尤为突出的问题就是承担的风险较高。首先，人们的寿命可能比预期的要长。这些计划是在预计死亡率的基础上计算贡献—效益水平的。很显然，人们的寿命不断延长，而且比曾经的预期要迅速，所以结果很可能是许多人缺乏足够的保险来保证他们的福利可以覆盖到退休后的岁月。其次，如果公司宣布破产，公司支持的私人（养老金）计划也将不复存在。美国汽车工业大规模破产的现实将影响成千上万的美国家庭的养老金储蓄。

老年人依赖家庭支持或市场的程度，显然是由政府决定的。当然，反之亦然。然而，当政府与市场无法为老年人提供保障时，家庭照料就是最后一道防线。这三方无法简单地替代任一方。但我们不能确保亲属总是能提供帮助，甚至也无法保证可以对亲属照料进行立法以使其具有强制性。在德国，获得社会援助的前提是没有亲属可以提供帮助。德国老年人的高贫困率表明，许多亲属无法为需要帮助的老年人提供充分的照料。所有熟悉社会继承机制的人都会料到这一点。贫困父母的孩子更容易沦为穷人。

同样，当政府的服务供应很少时，市场购买服务的作用将会凸显出来。但是，门槛较高意味着它们并不是完美的替代品。显而易见，私人养老金计划只是富人切实可行的选择。与其他国家的人相比，美国人过多地依赖私人保险，但是其分布极为不均。在收入处于前30%的人中，其私人养老金收入占退休总收入的一半以上；但在收入处于后30%的人中，其私人养老金收入仅占退休总收入的10%以内。在任何情况下，只有当私人养老金计划被补贴时——通常是以减税的方式——它才能茁壮成长。

最后，不考虑公私混合的因素，退休人员的社会资源使用总水平在类似的富裕国家里还是比较趋同的。关于这一点，我们不仅在净福利支出方面可以看出，而且从退休家庭收入的数据中也可以看出。无论是在一个慷慨如瑞典的福利国家，还是在一个更加市场化的国家如美国，退休人员的可支配收入几乎都占全国平均水平的 80%～100%。[①]

由此可见，政府的作用少点儿，市场的作用多点儿，也不太会改变未来的财政水平。它真正指明的是我们该从这两个口袋的哪一个中拿钱。我们在这里找到了问题的核心：福利组合不会使整体成本产生很大不同，但它会影响福利的分布。

市场依赖程度和老年贫困之间存在一种关系，虽然这种关系并不是完美的。如表 5.1 所示，美国和澳大利亚的贫困率非常高，英国处在欧洲贫困率分布的高端。其关系的不完美有以下两个原因。第一，公共养老金制度在对分配的影响方面可以有很大的不同。以意大利为例，其公共退休计划是非常慷慨的，因而致使私人养老金计划寸步难行。但是，因为意大利给那些因自身养老贡献不足而导致权益不够的民众准备的基本养老保障资金很微薄，所以老年贫困现象非常普遍。第二，如果像加拿大、丹麦和荷兰这些国家一样，有一个基本的公共养老金保障体系来有效降低贫困的风险，那么即使私人养老金计划占突出地位，也可能不会在老年人群中产生巨大的不平等。

表 5.1　2000 年左右 65 岁以上人口的贫困率

<5%	5%～9%	10%～14%	15%～19%	>20%
	加拿大			
	丹　麦			爱尔兰
	芬　兰	奥地利		澳大利亚
瑞　典	法　国	比利时		美　国
荷　兰	德　国			
	卢森堡	意大利		
		挪　威		
	瑞　士	西班牙		
		英　国		

福利组合也可能会引发严重的次级效应。过多依赖家庭照料将会导致

① 法国退休者的可支配收入相对于全国平均水平是 89%（瑞典是 88%，美国是 95%）（Forster and d'Ercole，2005）。

较低的女性就业率，因此，家庭收入会更少。如果女性被迫中断自己的事业，这不仅会对她们个人的终身收入造成不利影响，而且也会对家庭总收入造成不利影响，因为夫妻双方需要共同工作以摆脱贫困。从长期的收入可持续性和家庭福利方面来看，女性的就业问题很关键。因此，从效率的角度来看，继续依赖家庭（来进行照料）似乎会取得适得其反的效果。

三、代际公平

如何确定一个稳定和公平的代际契约既可以保证老年人的福祉，又不抢夺年轻人的资源？此外，我们需要防止不利次级效应的出现。例如，如果额外的财务支出会增加固定的劳动成本，可能会导致就业机会更少。我们面临的挑战是，如何找到一种方法来公平地分配与人口老龄化相关的额外成本。如上所述，未来四十年里，这些额外成本可能占 GDP 的 10%。现在亟待解决的重要问题是：(a) 我们如何公平地分担（养老压力）？(b) 如果我们选择某种公私混合的方案，情况将会如何？

如果我们优先考虑公平，就需要好好讲讲有关固定比例分摊的“马斯格雷夫规则”（Musgrave，1986；Myles，2002）。为了证明它是相关的，我们来想象两个理想化的场景。第一个场景，我们继续保持传统的“随收随付”制（PAY-GO）即明确的福利养老金模式不变。“随收随付”制的本质是，当前的养老金是从目前上缴的退休金中支出的。在这种情况下，顾名思义，所有老龄化的额外成本将落在“工作大军”的身上，而这又将导致更高的就业税。举例说明，在这种情况下，德国的“工作大军”对养老金的贡献率预计将从工资的 22%上升到 38%。第二个场景，我们将目前的贡献率水平固定下来，且未来不因人口的老龄化而增加。在这种情况下，额外的负担将直接落到退休人员自己身上。这两个极端的情况都无法确保公平，都将不可避免地产生非常负面的次级效应。换言之，这两者都不可能形成一个可行的、公平的代际契约。

让我们从代际的角度来看待问题。一个三代同堂、决心共担风雨的家庭会如何解决这个难题呢？如果民众满足于现状（他们对目前所享受的几代人的相对消费水平很满意），他们无疑会选择类似马斯格雷夫所主张的

"固定相对位置"（FRP）模型。① 缴款和收益都被设定下来，使得劳动人口的人均收入（缴款净额）和退休人员的人均收益（税收净值）的比例被设为恒值。一旦比例被固定下来，需定期调整税率，以反映人口和生产力的变化。随着人口老龄化的发展，税率会随之上升，但收益会随之下降，这样可保证两者以同样的速率"损失"（即相比没有人口老龄化的情况，无论是净收入还是净收益都会上升得更慢）。简单来说，"马斯格雷夫规则"有助于公平地处理代际分配的额外负担。它的出发点是固定职工和离退休人员人均收入的比例。根据该规则，任何其他的额外支出将会按比例分配。

如果把我们的焦点从一个"时间点"转到整个生命历程的框架上来，那么马斯格雷夫的解决方案会更有说服力。三种可供选择的养老模式在当前的出生人群和未来的出生人群的整个生命历程中的影响是什么？留给我们子孙后代的遗产又是什么？

在现存的"随收随付"所定义的收益规则下，未来人们在童年期和职业生涯期的生活水平会有所下降，但是他们晚年将会生活得相对富裕。如果缴款率是固定的，那么未来人们在童年期和职业生涯期将会生活得很富裕，但晚年则相对贫困。目前有几个国家采取这一战略。相比之下，马斯格雷夫的策略可以有效地调整整个生命历程的变化，并维持收入终身分配的现状。从这一点来看，这一策略是基于以下假设的"保守"战略制定的：平均来讲，当代人的终身收入分配应该或多或少地完整保存至未来。当然，后代可能不同意我们的判断，并断定在生命历程的不同时期需要一个不同的收入分配体系。需要注意的是，如果能够商量出一个公平的比例，那么未来的财政状况将会是稳定的，也会被认为在代际上是公平的。

但这个策略只在一定程度上有用。首先，"马斯格雷夫规则"非常适用于由政府主导的养老保险制度，但在私人养老金计划激增的地方会遇到障碍。事实上，在公共养老金领域追求的公平很可能在私人领域是不现实

---

① 但如果将"公平"的概念定义为每一代都应该支付工资中的相同比例，以便在退休时获得相同水平的退休金，那么人们将不会对 FRP 原则满意。比如，在一个三代同堂的"家庭农场"，在 FRP 原则下，当处于工作年龄的生产者是两位时，用以支持退休的年老父母的支出所占的比例比生产者是四位时要高。

的。简单地说，该策略要求私人计划被整合到一个全面的核算体系中。私人养老金计划在税务处理方面往往会得到一些利益，因此显然它们必须承担一些社会责任。

其次，只有当年轻人和老年人消费的相对价格保持稳定时，“马斯格雷夫原则”才能保证公平。这是未来养老金计划与健康服务的交汇点。如果健康服务和关怀服务都容易出现价格膨胀的话，那么代际的“养老金合同”将岌岌可危。事实上，如果是这样的话，我们有理由相信老年人享有人均国民收入更高的比例才是代际公平的。[①] 我们知道，养老金收入随年龄增加而下降，因而更该如此。换句话说，老年人最需要护理服务的时候，恰恰是他们最负担不起的时候。

最后，“马斯格雷夫规则”仅关注了代际公平，却忽视了代内不平等这一更大的问题。正如伍尔夫森等人（Wolfson et al.，1998）所说的那样，代内的巨大不平等使得代际的“赢家”和“输家”之间的分配差距不那么显著了。事实上，支持代际公平的政策可能会加剧代内的不公平。为了证明这一点，我们需要研究推迟退休年龄的可能后果，更要研究养老金融资问题。

四、延迟退休

近年来，工作在男性公民的一生中普遍占据主导地位。四十年前，一位男性要接受约八年的教育，拥有四十五年的职业生涯，五年的退休时间，运气好点的话，退休时间可达十年。总的来说，男性一生中的工作时间是非工作时间的两倍多。如今，我们的学习时间更长，活得更久，退休年龄也提前了。在典型的欧盟国家，平均受教育时间变成了十一年，男性平均寿命增加了八到十年。结果他们的工作时间少于四十年，非工作时间也少于四十年。

到目前为止，大多数人认为最行之有效的政策是延迟退休年龄。考虑到就业推迟和寿命增长的因素，这种策略与“马斯格雷夫规则”是完全匹配的：它做到了代际公平。经济合作与发展组织（OECD，2001：69）估

---

① 这个观点最初是由弗兰克·凡登布劳克（Frank Vandenbroucke，2002）提出的。

计，退休年龄推迟10个月相当于削减了10%的养老金福利。据丹麦政府的福利委员会估计，未来三十年，退休年龄每年推迟1个月（相当于推迟时间不到3年）才能将财政稳定在目前的福利水平。一般来说，65岁退休很可能达到收支平衡。为了说明这一点，经济合作与发展组织做了仿真模拟，结果表明：如果法国的退休年龄推迟5年，那么到21世纪中叶，其老年抚养比将从0.7降到0.5。延迟退休是一个非常有效的工具，但这也是把双刃剑：在减少养老时间的同时增加了社会缴费。

而且，延迟退休年龄可能会造成代内的不公平问题。在此，我们先回到死亡不平等的问题上。在法国，一个普通的职业男性比（男性）体力劳动者的寿命长五年。[①] 正如退休时间早一年，增寿七年的人比增寿十二年的人获益比例更大一样，就业时间多一年，就代表那些预期寿命较短的人损失更大。因为身体健康、预期寿命、残疾和财富都是密切相关的，所以公平问题更加复杂。此外，近期的长寿涨幅已不成比例地流向了最富裕人群（Hattersley，1999），由此更加强化了这几者的关联。如果“富人”是未来高成本项目（如养老金、健康和长期护理等）的主要消费者（受益者），我们将根据人们的预期寿命逐步向这些人群多征税。[②]

公平融资

如今的“现收现付”养老金与工资税挂钩的同时，从资本和转移支付（包括养老金收入）中得来的收入是免税的。[③] 工资税是统一税，常常设定工资上限并实行递减制。免税和津贴通常与家庭规模无关。实际上，将老龄化的额外成本加诸工资税上对工作人群来说极为不公，因为额外费用的分配无法反映支付能力。

因此，我们面临着巨大的挑战，即如何在退休人群以及工作人群中制

---

① 见卡姆波伊斯等人（Cambois et al.，2001：Table 3）的研究。由威金森（Wilkinson）的研究可知，这个差距在英国甚至更大（大约七年，并在持续增大）。

② 富人存活的概率远远高于穷人，而且他们预期的不受病残困扰的时间也比后者要长。在法国，一个60岁的经理，预期比同岁的体力工人多四年不受病残困扰的时间。值得注意的是，两个群体之间“受病残困扰的差距”也正日益加大（Cambois，et al.，2001：Table 5）。

③ 为了讨论的方便，笔者在这里采用了标准的假设，即认为工资税即使是由雇主负担的，也是额外的劳动成本，但其实最后是以更低的工资为典型方式由劳动者负担的。

定分配原则以做到代内公平。如果低收入者的养老成本不成比例地上涨，那么马斯格雷夫式的固定比例规则将是不公平的。此外，如果富人消费更多的养老金、健康服务、长期护理等项目，那么纯粹的代际合同将再次变得不公平。

为了确保人们公平地分担负担，显然我们需要对税收及缴费贡献计划进行重大修改，不仅要提高用于老年人的公共支出的先进性，同时也要减轻利于私人退休计划的税收补贴的累退性质。

如果我们从长远的角度来看，未来的财政负担及其相关的分配后果将很大程度上取决于未来的人们拥有何种生活。如果我们今天才开始改革养老保险制度，这很可能影响不到如今的老年人。受影响最大的将是我们的子辈甚至孙辈。到 21 世纪中叶，如今的儿童将接近退休年龄。我们面临的真正挑战是预测这些新一代（即如今的儿童）在接下来的半个世纪是怎样生活的。庆幸的是，我们的预测依靠的不仅是算命先生和水晶球。

五、考虑我们子代的养老改革：超越代际契约

是否可以拥有有保障的退休生活很大程度上取决于我们在工作时期的生活如何，这又与我们的童年时期和青年时期的生活质量密切相关。直到四五十年后，我们的子女和孙子女的退休生活如何，以及在此之前他们支持我们的退休生活及满足我们的照顾需求的能力如何，同样取决于他们各自拥有何种生活。总之，到 2040 年或 2050 年，退休保障将更多地取决于我们的孩子所继承的生产性资产（包括物质的、人类的和环境的）的质量、数量和分配，而不是我们现在引介给养老保险制度设计的各种改革。

为了说明这一点，我们需要思考一下可能在 2040 年退休的群体的退休前景。到 2005 年，他们 30 岁了，足以让我们看出他们是否有能力为自己提供一个安稳的退休生活。今天我们所熟知的福利国家大厦，是用来解决我们祖父母、父母时代以及我们这一代在战后几十年里成熟起来的人所面对的风险和需求的。然而如今的年轻人所面临的风险是非常不同的，对 21 世纪中叶退休的人群的预测需要把这个问题考虑在内。

变化的生命历程与新的不平等

1944 年，在国际联盟就战后劳动力需求进行研究的报告中，一组普林斯顿大学的人口学家表示极为担忧人口老龄化会对经济产生不利影响。他们认为，在“工业社会”中，35 岁的人生产率最高。在他们看来，工业经济的成功主要依赖于大量身强力壮的年轻人。正如笔者在第一章中所指出的那样，离开父母、结婚、生子这些节点标志着他们取得了经济独立，而在战后几十年里，所有这些都降至历史最低值（即前述的节点被提前了）。所有这一切都表明，工业经济确实赋予了年轻工人很高的经济价值（Beaujot，2004；Corijin and Klijzing，2001）。在当代退休人员生命历程的较早时期，社会经济就已进入成熟阶段。

所有这一切都变了，这对年轻人在走向退休前所经历的职业类型和家庭生活产生了显著影响。事实上，过去四十年，年轻人生活模式的革命如同备受吹捧的“婴儿潮”的到来一样，是人口老龄化现象的一部分。延迟独立、受教育时间更久以及后来的晚婚，都导致了生育率的下降。

与所有重大变化一样，这个变化对某些人而言是好消息，对其他人而言则是坏消息。开始工作的年龄变大意味着劳动时间减少，但同时也意味着在生命历程早期存钱或赚取福利的机会也相应减少。因此，未来人们可能需要延迟退休年龄。然而，开始工作的年龄较大一直都是受教育程度高的人群的情况。显然，是否应延迟退休年龄，还需要考量其他因素。

首先，尽管个人总的工作时间和工作年限被缩短了，但这并不意味着整个家庭也是如此，因为妇女的劳动力供应急剧增长。不断增加的家庭工作时间和工作年限对更长的退休时间进行了“补贴”（Burtless and Quinn，2001）。这就意味着收入稳定的夫妻到 65 岁时便能够享受舒适的退休生活；而单职工家庭以及日益增加的从未结婚和离婚的人们在老年时期将面临更大的贫困风险。后面这几个群体在现代社会中已经占据了很大的比例。

同质婚配的增加可能是造成两极分化不断加剧的因素之一。受过良好教育的人往往会与同样受过良好教育的人结婚，组成一个高收入、低失业风险的家庭，而且他们的婚姻也更趋稳定；受教育程度较低的夫妻工资较低，更有可能面临失业风险。此外，受教育程度较低的女性更不容易被雇用。离异者以及单亲妈妈大多没受过什么教育。结果就是，家庭收入之间的差距和预计退休收入之间的差距也愈加大了。

美国最近的一项预测可以说明这一点。2000 年，处于退休人群收入前五分之一的富裕群体（的收入）是处于后五分之一最贫困退休人群收入的八倍；当“婴儿潮”一代退休时，更大的收入差距将造成这一比例上升到十倍。在当前美国的退休人群中，高中辍学的人的收入是其同龄人平均收入的 68%。收入差距的加大意味着当“婴儿潮”一代退休时，这一数字将下降到 53%（Butrica，Iams and Smith，2003）。

不管国家养老金制度在 2040 年会发生什么变化，受过大学教育、工作稳定的双职工夫妇退休后将生活富裕，这一点是毋庸置疑的。其中，受过良好教育且没有孩子的夫妇的生活将最富裕。而低学历夫妇的命运则是凄凉的。当然，他们可能工作的时间更长，但他们也会面临重大的失业风险，且一直是低收入人群，这些因素都会影响他们退休后的生活质量。

这种情况存在两个悖论。第一，如果最具生产力的工人的就业时间延长，那么人们将会获得最大的经济收益，然而他们是最有可能提前退休的人。高收入者有大量的退休储蓄，因而对延迟退休年龄的政策没有很在意。

第二，正如我们所指出的，受过良好教育的退休人员有更长的寿命，因此他们的生活花费将是最高的。由于到了老年，他们的身体越来越弱，他们会消耗更多的国家退休预算份额，花费更多的健康保健费用。其中，无子女的退休人员最需要帮助。

因为从定义和设计来讲，养老保险是将寿命较短人群的收入转移给那些预期寿命较长的人，这两个特点引出了代内分配的公平问题。

随着不同经济体知识强度的增加，受教育程度低、认知能力不足的人将很容易发现自己已陷入低工资和不稳定的就业生活中。未来几十年里，在工作和生活方面有上述问题的人在老年陷入贫困的可能性比今天的退休人员大大增加了。正如笔者在第四章中所讲的，仅通过观察如今青少年辍学的数据，我们就可以对未来几十年的高危失业人群进行预测。若将欧盟作为一个整体来看，大概五分之一的当代青年将在 21 世纪中期面临老年贫困的风险。

新的人口状况额外加剧了未来的不平等。子辈可继承的财富的多寡不仅取决于他们父母的财富量，也取决于他们兄弟姐妹的数量，因为他们必须与他们的兄弟姐妹一同分享父母留下的财富。低生育率意味着每个孩子都会继承更多（父母留下的财富）。由于生育率与受教育程度和收入水平呈负相关关系，因而社会继承所致的不平等现象可能会加剧。因为富裕家庭的孩子数量少，他们可以在每个孩子的童年和青年时期投入更多的资源，以后他们也将给每个孩子留更多的遗产。

六、退休改革必须从婴儿开始

同我们对养老金制度进行的所有改革一样，21 世纪中期的退休事宜很大程度上取决于生产性资产的质量、数量和分配。更高的生产力将有助于支付人口老龄化带来的额外成本，但这并不能解决相关的分配问题。而且我们知道，从分配的角度上讲，生产力高的经济体并不一定是最公平的。

矛盾的是，这时有人提出了一个明智的观点，即良好的退休政策必须从婴儿开始。未来退休人员的福利分配将首先取决于现在孩子们人生机会的平等程度。如果政策制定者认真对待未来的退休公平问题，要做的第一件事就是保证儿童在认知启发和受教育方面更加公平。

我们留给下一代的遗产还包括被嵌入我们的社会制度中的真正的福利收益，包括那些能使年轻人赡养老人的制度。传统的家庭结构就是当孩子太小而无法工作的时候，父母把孩子养育成人；当父母年老体弱时，孩子赡养父母。这是人类的重要特性，很可能有很深的生物渊源。当我们想起尽管丹麦这一福利国家已为老年人提供了覆盖全民的家庭外照料服务，丹麦人还是异常频繁地照顾年老体弱的父母时，这一点就很明显地显现出来。当代史学证实，强制性公共养老金制度的出现对年轻人来说也一样重要，因为养老金是一种分担风险的形式，不仅抵御自己长寿带来的风险，也抵御父母长寿带来的风险，并且减少了子女在经济上支持父母度过延长的老年期的必要性。对于以“孝”著称的人类来说，老年保障也是对年轻人的福利政策。增加的养老金成本可能会导致我们的孩子抱怨税收过高；但是，如果他们必须独自赡养老人至老人95岁，他们是不可能没有怨言的。正如代际公平要求我们为后代提供一个可持续的环境一样，它也要求我们为老人提供一种好的制度，这种制度应当至少和我们在父母晚年时照顾他们的制度一样好。

如果这是我们制定政策的最终标准，我们又如何保证“至少一样好”的制度环境？就养老金制度改革而言，大多数专家都认同以下几点核心思想。首先，持续性地要求我们推迟退休年龄，很多人主张以65岁作为退休基准。这种观点是很有道理的：人们步入社会开始工作的时间较晚，每一个新的、接近退休年龄的同期群的健康状况正不断改善和提高，到现在为止，老职工与年轻职工之间受教育程度的巨大差距也在迅速缩小。换句话说，不管在拉力方面还是在推力方面，这于社会来说都是好消息。更少的职工因健康原因而被迫退休，同时雇主也不急于摆脱老职工。

但是，我们的制度需要适应延迟退休一事。因为许多国家的退休制度中的养老金收益含蓄地促使工人提前退休，而且基于工龄工资上涨的工资谈判制度也需要做出改变，以免老工人因工资较高而不被劳动力市场接受。法国有个极端的例子：一位60岁的老工人，仅仅由于工龄长，其工资就比35岁的工人多了40%。由于养老金待遇越来越多地依赖于整个职业生涯的收入，而不仅仅是退休前几年的收入，因而工龄工资背后的压力应该得到了极大的缓解。

延迟退休是马斯格雷夫模式中实现代际公平的合理措施。但这可能会威胁到代内公平，因为预期寿命与社会地位呈正相关关系。为了追求公平，我们应该相应地将退休年龄与一个人退休前的收入所得联系起来。这将对社会有双重好处，因为高收入者的养老金最多，同时他们也最具生产力，所以我们节省了相当大的养老金支出，并获得了额外的税收收入。这里有一个两难困境：高收入者很可能有大量的私人养老金储蓄，相对而言，他们可能对公共养老金计划没那么重视。因此，协调公共的和私人的养老金计划的重要性便显而易见了。

正如吉尔马（Guillemard, 2003）有理有据的说明一样，“一刀切”模式已经解决不了战后的退休问题了。其对“普遍性”的理解是高度标准化的生命历程的产品，是高度工业时代统一的工作生活的产品。在后工业经济时代，生命历程的分化很大，特别是女性就业已成为很普遍的事情，这要求我们要对“普遍性”有不同的理解，使退休途径更多样、更灵活，包括积极的劳动力市场和部分退休手段。

就业最大化是确保未来养老金（丰裕）的关键。同样，这显然也是所有可持续的马斯格雷夫模式的重要措施。在职人员数量的增加，减轻了落在年轻人身上的人均额外负担。就业最大化主要依靠女性劳动力的供给来实现。这也许是未来方案中最不具挑战性的事，因为各地外出工作的女性的人数正迅速增加。皮萨里迪斯等人（Pissaridis et al., 2003）认为，意大利和西班牙的养老金制度可能比人们想象的更持久，因为年轻群体中职业女性的人数正以超常的速度增长。

女性就业可能引发新的公平困境。女性就业将有助于在累积的养老金权益方面缩小与男性的差距，但是婚姻的选择意味着高收入的夫妇与低收入的夫妇之间的收入差距将继续加大，这不仅会影响夫妻的养老金收入，也会影响退休年龄。

由于新的经济形势可能在人生际遇上导致更大的不均衡和不平等，未来的退休人员也将同样地在累积财富和福利制度上遭遇更多的不平等，因而需要创造有利条件，建立某种基本的、财政支持的养老金保证制度，以作为养老金制度的基础。如果私人养老金计划变得日益重要，这将在未来使得退休收入更不稳定。因此，这成为提供一种基本养老保障的另一个好的理由。从经济角度来看，固定在刚刚超过贫困线水平的基本收入保障是最为合算的。迈尔斯（Myles, 2002）认为，如果在欧盟的任一国家实施这一举措，国家财政所需负担的额外成本可能只占 GDP 的 0.1%（甚至低于这个比例）。

基本的养老保障有利于促进养老支出金融基础的多元化。工资融资意味着相对狭窄的（和潜在递减的）课税基础，并意味着风险分担系统的狭窄。而且，随着未来几十年支出需求的大幅上升，工资税和固定劳动力成本也将大幅上涨。

就分配、公平和就业而言，一个过于依赖工资税的系统会有明显不利的次级效应。鼓励（设立）更多的私人养老金计划当然有助于促使金融基础的多元化，但这难以达到效率和公平的标准，而且还可能产生更大的不安全感。如果寿命延长多发生在特权阶层，或目前收入不平等的趋势继续上涨，那么对福利进行累进融资（和征税）的理由将比以往任何时候都更充分。如果我们主要追求的是老年公平和安稳，那么政府资助计划，特别是基本养老金保障，应与私人养老金计划的增长成正比，这才是合理的提议。

笔者所阐述的是在我们日益老龄化的社会中如何实现公平和可持续的负担分摊的一般原则。但是，我们要永远记住，老年人的福祉现在主要是——而且将永远主要是——他们生命历程的结果。不管是好的还是坏的，人的生命历程都会发生巨大的改变，最重要的是，人的生命历程将变得更加多样。能拥有一个良好的工作生活的前提条件不断提高，特别是在教育、技能和能力方面。由于这些前提条件早在童年时期就开始埋下种子，所以说，好的退休政策必须从婴儿开始是有理有据的。

后　记

afterword

从摇篮到坟墓，如今的民众所经历的人生与我们的父辈、祖辈并没有什么不同。我们和他们一样：玩乐、学习、求职、恋爱、生子、养育后代，然后慢慢适应空巢时期，变老，退休，直至走到人生尽头。一种描绘人类生命历程的方式是：没有什么重要的事情曾被改变。而另外一种描绘方式，则是强调在发达国家中人类生活的剧烈变迁。人生道路的标志本身倒是没什么变化，变化的是我们走向它的方式。人类的生命历程远未达到标准化和可预期的程度。我们已经发明了许多替代性方案来取代我们的祖父母辈所坚持的婚姻和家庭模式。吊诡的是，如今孩子们的童年，和先辈们的童年相比，变得更短了，也更长了。孩子们在学校里度过的时间增加了，开始学习的时间也提前了，而他们的性格形成期结束得晚得多。然而，他们与父母，尤其是与父亲共度的时间增加了。同时，如今父亲们和母亲们显然在（对孩子）投入时间和选择教育内容上采取了不同的方式。在加里·贝克尔所提出的孩子数量与质量之间平衡的问题上，父母们明显更注重后者。

家庭生活的改变很彻底。婚姻不再自然而然地意味着养育子女，反之亦然。同时，即使结婚也不意味着一定会走到最后。在斯堪的纳维亚半岛的几个国家，不稳定的伴侣关系已成为常态，也有很多人选择不结婚。平均来看，每个孩子不仅拥有通常意义上的 4 个祖父母辈，还会有 8 个甚至 12 个，具体数字完全取决于他们的生父生母及再缔结的“伙伴”关系的情况。这可能会打乱孩子的生活。尽管从乐观角度看，孩子们可以借此积攒到庞大的社会资本，比如在圣诞节可以收到堆积如山的礼物等。当然，

“妈妈”这一角色也不再常伴孩子的童年。但母亲若拥有一份独立的工作，这本身对孩子的福祉来说并不会造成损害，同时似乎也并不会减少她们倾注在孩子身上的精力——或者说恰恰相反，母亲和父亲一起在孩子身上花费的有效时间比过去更多了。原本属于做家务或者干脆是空闲的时间，现在多用来工作或陪伴孩子了。或许现在的父母更倾向于住在又脏又乱的家里，但更为重要的事情是，在家务打理、养育孩子的责任和养家方面，他们采取了更为性别平等的方式。

然而还是如女权主义者所坚持认为的那样，无论是在家庭生产还是在工作生活中，我们离实现真正的男女平等还有很长的路要走。从男女平等的程度或实质来讲，不论前方是怎样的，笔者在本书中所考察的所有证据都表明，女性正带头建立一个新的社会秩序。我们正处在这个过程当中，因而很难摸清这条路到底走向何方。现代社会似乎建立在多重均衡的基础上。我们仍未将旧的制度完全抛诸脑后，但也没有有效建立起一个替代物。正因为如此，很多人感觉自己正身处于一个不稳定的均衡中，承受着与之相关的次优结果。

各种变革的力量汇聚在一起，造成了旧秩序的衰落。在本书中，笔者主要从人口变革及女性革命所引起的余波来入手并进行分析。笔者坚信，我们正面对一场真正的革命，因为它在民众如何做决定及其一生中的所作所为方面引起了一个根本性的变革，这些行为涉及的方面包括教育、婚姻、家庭生活和职业选择。此外，笔者也坚信，这一革命直接或间接地体现了我们在社会运行方面的主要结构变迁。过去，我们过分夸大了全球化和技术革新造成的影响，而忽视了新的人口模式的影响力。这对社会不平等来说尤为如此。

本书的核心论点是，性别革命越不完整，随之而来的不平等就越严重。在某些方面，还会往两极分化的趋势转变。造成这一结果的主要原因在于，这场革命的推动力量，主要是来自社会上层的、受教育程度较高的女性。只有当这场革命真正渗透到较低的社会阶层的时候，它才会进入成熟状态。反过来，这也成为促成社会平等的先决条件。直白地说，如果对性别平等的追求只是中产阶级的事情，那么这种追求只会加剧社会不平等。

从学科的角度来说，新的不平等处于一种奇异的吊诡中。主流经济理论或许不怎么直接关注不平等问题，而当前的经济学研究则对此做了相当多的研究及探讨。相比之下，不平等问题一直是社会学学科关注的核心。然而正如许多社会学领军人物所看到的那样，社会学家似乎有些忽视了严重不平等的突然重现。严谨的、针对社会收入分配的社会学研究难得一见。

如果新的不平等只是技术推动的社会变革在人力资本的回报方面产生的衍生品，那么事实上，社会学研究能做的贡献是相当有限的。在经济学领域，虽然上述观点并不具备唯一性，但其毫无疑问地占据着主导地位。实际上，有不少经济学家试图填补社会学研究在此方面的空白。其中的代表人物，如伯特利斯（Burtless，1999）和希斯洛普（Hyslop，2001），就曾研究过家庭模式的改变以何种方式影响收入分配。其他经济学家，如戈尔丁和卡茨（Goldin and Katz，2008），则观察了教育选择方面的影响。

在笔者看来，一方面，部分经济学家因为错误的理由来研究新的不平等问题；另一方面，社会学家们则因对正发生的现象理解不足而忽视了这一问题。由于很多经济学家的研究都只是因他们对工资结构的巨变产生了浓厚兴趣而开始的，因而无法避免的是，他们总是有意无意地回避平等问题。这一点在他们对代际社会流动问题兴趣突增上表现得尤为明显。同时，另一个被集中关注的主要课题是儿童的早期投入，这主要和鲁姆斯·海克曼有关。确实，所有非常关心如何达到双赢结果的经济学家都不得不直面平等问题。

具有讽刺意味的是，经济学的文献很少——或者基本上没有——从效率的角度谈论不平等问题。这很奇怪，因为显然，日益增加的不平等会潜在地导致高度的无效率。如果根除儿童贫困所花费的成本只是它可能会造成的 GDP 损失的十分之一，那么我们目前分配资本的方式就是错误的。如果更多的不平等导致代际社会流动更低，那么我们在效率方面的损失会更严重。底层民众的才能被浪费了，并且正如海克曼和其他学者所指出的，我们在孩子生命早期投资的每一美元都有很高的回报率，对无权势背景的孩子来说更是如此。但另一方面，类似地，为避免富家子弟向下流动，我们可能对他们（即使他们毫无才能）过度投资了。读者们可能记得，在表2.5中，我们看到，从收入处在前五分之一的家庭中出来的男孩中，大约35%仍能保持收入在前五分之一。这比人们预期的数字多了15个百分点。如果能估算出有多少经济资源被用来维持这个反精英的系统，那么它将是很有趣的。

如果社会学家坚持认为他们无法处理新的不平等问题，他们就大错特错了。其中一条线索来自经济学家如阿策莫戈鲁（Acemoglu，2002）或戈尔丁和卡茨（2008）等的近期研究。他们认为，不断加大的工资差异可能和技术无关，反而反映了不同同期群特殊的教育趋势。尽管美国在过去几十年里对技能的要求越来越高，但其大学的入学率却一直没有增加，因此只能是人力资本的投资回报率提升了。相反，在欧洲，高校入学率可能已经超过了技术需求，这就是欧洲挣钱最多的人群并没有比剩下的人多太多的原因。如果这个论证是令人信服的，那么我们将面对一个非常有诱惑力的社会学谜题，即为什么年轻人对来自市场的日益清晰的信号无动于衷？为什么一般的年轻人，尤其是男性，不依照理性选择的指南（在教育上投资更多，用以收获人力资本投资带来的高效回报）来行事？这显然是社会学家需要回答的一个问题。

在本书中，笔者关注了一些不同的复杂因素，它们与所有对日益增加的不平等的理解都有关。笔者试着“收复”了一部分被经济学家占领的学科阵地，指出了与女性革命有关的人口学特征有很大可能导致不平等。婚姻行为的变化，如受教育程度较高的人群日益增加的同型婚配，以及离婚和单亲母亲现象，它们不断集中出现在某些社会群体中，且皆对收入分配产生了重大影响。这些又反过来导致了养育子女方式的不平等。不同父母在孩子身上所花费的金钱或时间的差距越来越大，更糟糕的是，我们发现，父母的养育行为之间的差距也越来越大。简单来说，受教育程度较高的父母花费在孩子身上的时间比受教育程度低的父母多30%。这些差别在“发展型的养育行为”上更突出，即在那些最能直接影响孩子获得技能的活动上最为突出。

目前存在的两极化趋势主要出于两个原因。第一个原因出自最近的关于代际收入流动的研究，这些研究发现，代际收入存在明显的非线性关系：底层中太少人能实现向上流动；上层中太少人会向下流动。有权有势的群体和无权无势的群体都被系统地再生产，这个过程越加强，不同群体之间的生活机会就会越不同。第二，更重要的是，这是按照一个累积的模式发生的。上层社会和下层社会之间的差距似乎是沿着一系列相互关联的因素而加大的，这些因素包括家庭收入、在孩子身上的花费，以及父母养育孩子的数量和质量。莎拉·迈克拉纳罕（Sarah McLanahan）在一篇重要的巧妙地取名为《不同的命运》的文章中也强调，这样的两极化会对未来的代际产生重要的——也是极为有问题的后果（McLanahan，2004）。事实上，我们现在正为一个更分化的未来播下种子。

在这里，我们再一次发现了一个显然和社会学研究相关的主题。是什么样的社会机制促进了累积性的不平等？为什么父母双方在亲职上存在这么大的差距？什么样的社会选择过程能解释家庭生产中性别平等化的步调参差不齐？最重要的是，为什么有一大部分女性如此不愿意搭上革命的马车？许多社会学家认为，这是因为传统的性别规范仍然在起作用。但这不是对男女行为的解释，这只是一个描述，不管是对还是错。

第二次世界大战后的社会学家为我们提供了生动的、有说服力的见解，这些见解是关于20世纪中叶汇集在富裕国家的社会秩序的。塞莫尔·李普塞特（Seymour Lipset）、塔尔科特·帕森斯（Talcott Parsons）和丹尼尔·贝尔（Daniel Bell）等学者描绘了一个对他们来说比较新颖的社会均衡，这个均衡建立在一系列基石之上，包括核心家庭、两极化意识形态和阶级冲突的终结，以及中产阶级规范和生活方式的趋同。他们相信这个均衡有持续的活力，代表着一个单向的进化道路的顶点，但他们显然犯了严重的错误。在接下来的几十年里，我们不仅看到了家庭主妇的消失，还看到了帕森斯意义上的家庭的消失。当今的社会评论家不认为会存在一个田园牧歌式的幸福中产阶级社会；相反，他们认为那个社会是分裂的，是充满社会排斥的，并认为由此形成了一个超级成功者组成的超特权阶级，并最终导致社会两极化。最后，我们意识到，我们在获得真正的机会均等方面并没有取得什么重大进步。

毫无疑问，社会学的分析被不稳定的均衡所困扰着，该均衡的规范及标准不清，使得我们的制度产生了巨大的压力。如果这是女性革命的副产品，那么我们是否必须等革命结束后才能看清横亘在我们视野之外的新社会秩序的轮廓？回到本书在导言部分的一个观点，笔者认为，相较于将另一个“后某某”的标签贴到已陈旧不堪的老标签上，社会学家能做到的其实比这个好得多。其中一条明路就是分析性别革命最为先进的社会。这些社会有哪些？许多人可能根据女性参与工作生活的情形来识别它们，但这可能会误导人们。女性就业为性别革命创造了条件，但没有确定革命的范围。如笔者在第一章中所坚持认为的那样，一场革命意味着男女生活方式和过去的断然决裂。这意味着一场新的均衡形成了。避免“后某某”的标签也一样，笔者将其称为“性别平等均衡”。因此，我们应该将目光聚焦在某些社会，在这些社会中，来自不同社会阶层的民众在婚姻、生育、离婚、就业和家庭生产方面接受新的模式的差别不大。如果不同社会阶层之间的差异变小了，我们可以认为，新的规范框架开始具备支配地位了。

笔者对北美和北欧国家的实证研究就采用了这个逻辑。这些国家可以作为分析整个发达世界正在发生的状况的理想形象。事实上，笔者也一直在关注“后进”国家（第三世界），尤其是南欧的某些国家。笔者这么做是出于这样一个重要的动机，即寻找变化发生的普遍法则——“后进”国家能跟随“先进”国家的脚步吗？笔者认为，现有的证据是支持“是”这个答案的。拿西班牙做例子，那里的女性正以极快的步伐加入就业大军。这伴随着夫妻分工专门化方面的同样快速的变迁。事实上，我们认为，西班牙人家庭生活的“肖像”不再是传统主义的缩影。涉及“谁和孩子一起读书”“谁洗盘子”这样的问题时，西班牙年轻父母的表现越来越像美国父母。

本书不可避免地走向了对福利国家的分析，主要是因为，笔者逐渐意识到，关注与女性革命的开展方式有关的政策是极其重要的。事实上，笔者相信，要获得一种稳定的、新的性别平等均衡，需要一个强有力的外在驱动，而福利国家是唯一可信的、能找得到的驱动。如果确实如此的话，我们的福利国家要如何调整呢？笔者认为，答案显而易见，尽管这并不是女权主义者经常给出的理由。真正紧急的事情源于性别革命迈向成熟的过程中所产生的不平等后果。并且，这些后果不仅涉及微观世界中的家庭生活，也影响到了宏观世界中的社会整合；它触及我们生命历程的每个方面，以及未来世代的生活机会。

如果福利国家的改革仅仅基于平等的动机（而展开），那么这无法说服对此持不同意见的人。如果政策改革能使我们更贴近帕累托最优状态，状况或许会好得多。这意味着将产生一种双赢结果，政策既能获得更多的平等，也能对我们的生产潜能进行更有效的动员。笔者相信，在这种情形下，福利国家的改革在很多方面都能达到帕累托最优状态。而在所有方面，若我们在福利国家之外选取其他替代性的安排——不论是家庭还是市场——所提供的解决方案都会是次优的。

笔者相信，带着这套最基础的标准，可以提供一个令人信服的论断，即福利国家是能够调和母职和就业的矛盾的。在这个论断中，若缺少福利国家的支持，将会导致如下两个恶魔中的一个（或两个）的出现：孩子太少和/或工人太少，以及家庭收入太低。笔者令人信服地证明了我们需要在退休事务上实现更大的代际平等。在这第二个情形中，笔者指出，我们正在急切地为实现延迟退休而努力，但如果我们不能保证平等，很多努力将会白费。反过来，如果我们无法做到延迟退休，又将严重地损害公共财政的可持续性和代际合同。但毫无疑问，最具说服力的情况是，对孩子的投资会即刻保证机会更为平等，生产力也会得到极大的提高。与此同时，在孩童早期对其进行良好的投资，会较好地降低其后期贫困的可能性，并保证其老年无忧。如果福利国家能够加快女性角色革命的进程，那么在各个方面，我们将更平等，也将更有效率。

参考文献①

references

Aaberge, R., Columbino, U. and del Boca, D. (2005), 'Women's participation in the labour market and fertility', in T. Boeri, D. del Boca and C. Pissaridis (eds), *Women at Work: An Economic Perspective*. Oxford: Oxford University Press, pp. 121–239.

Aaronson, S. (2002), 'The rise in lifetime earnings inequality among men'. Unpublished manuscript, *Board of Governors of the Federal Reserve System*, Washington, DC.

Acemoglu, D. (2002), 'Cross-country inequality trends'. *LIS Working Paper*, no. 296 (March).

Adema, W. and Ledaique, V. (2005), 'Net social expenditure, 2005 edition'. *OECD Social, Employment and Migration Working Paper*, 29.

Aguiar, M. and Hurst, E. (2006), 'Measuring trends in leisure: The allocation of time over five decades'. *NBER Working Paper*, 12082 (March).

Ahn, N. and Mira, P. (2002), 'A note on the changing relationship between fertility and female employment rates in developed countries'. *Journal of Population Economics*, 15: 667–82.

Alvarez, B. and Miles, D. (2003), 'Gender effect on housework allocation: Evidence from Spanish two-earner couples'. *Journal of Population Economics*, 16: 227–42.

Andersson, B. (1992), 'Effects of day care on cognitive and socio-emotional competence of 13-year-old Swedish schoolchildren'. *Child Development*, 63: 20–36.

Anderson, P. and Levine, P. (2000), 'Childcare and mothers' employment decisions', in D. Card and R. Blank (eds), *Finding Jobs*. New York: Russell Sage.

Atkinson, A. (1995), 'Is the welfare state necessarily an obstacle to economic growth?' *European Economic Review*, 39: 723–30.

Atkinson, A. B. (1999), 'Is rising income inequality inevitable? A critique of the transatlantic consensus'. Annual Lecture, United Nations University.

① 为方便读者查阅，本书按原版复制参考文献。

Atkinson, A. and Viby-Mogensen, G. (1993), *Welfare and Work Incentives*. Oxford: Clarendon Press.

Bane, M. J. (1974), *Here to Stay: American Families in the Twentieth Century*. New York: Basic Books.

Barnett, W. and Belfield, C. (2006), 'Early childhood development and social mobility'. *The Future of Children*, 16: 73–98.

Barr, N. (1998), *The Economics of the Welfare State*. Stanford, CA: Stanford University Press.

Barr, N. (2001), *The Welfare State as a Piggy Bank: Information, Risk, Uncertainty and the Role of the State*. Oxford: Oxford University Press.

Beaujot, R. (2000), *Earning and Caring in Canadian Families*. Peterborough: Broadview.

Beaujot, R. (2004), 'Delayed life transitions: Trends and implications', Ottawa: The Vanier Institute of the Family, pp. 1–46.

Beblo, M. and Wolf, E. (2002), 'How much does a year off cost? Estimating the wage effects of employment breaks and part-time periods'. *Cahiers Economiques de Bruxelles*, 45: 191–217.

Becker, G. (1981), *A Treatise on the Family*. Cambridge, MA: Harvard University Press.

Becker, G. and Lewis, H. (1973), 'On the interaction between quantity and quality of children'. *Journal of Political Economy*, 81: 279–88.

Becker, G. and Tomes, N. (1986), 'Human capital and the rise and fall of families'. *Journal of Labor Economics*, 4: 1–39.

Berk, S. (1985), *The Gender Factory*. New York: Plenum Press.

Bernal, R. and Keane, M. (2005), 'Maternal time, child care and child cognitive development. The case of single mothers'. Unpublished paper, Department of Economics, Northwestern University (September 15).

Bernardi, F. (1999), 'Does the husband matter? Married women's employment in Italy'. *European Sociological Review*, 15: 285–300.

Bernardi, F. (2005), 'Public policies and low fertility'. *Journal of European Social Policy*, 15: 123–38.

Bianchi, S. (2000), 'Maternal employment and time with children'. *Demography*, 37: 401–14.

Bianchi, S., Casper, L. and Peltola, P. (1996), 'A cross-national look at married women's economic dependency'. *LIS Working Paper Series*, no. 143.

Bianchi, S., Milkie, M., Sayer, L. and Robinson, J. (2000), 'Is anyone doing the housework? Trends in the gender division of household labor'. *Social Forces*, 79: 191–228.

Bianchi, S., Cohen, P., Raley, S. and Nomaguchi, K. (2004), 'Inequality in parental investment in child-rearing', in K. Neckerman (ed.), *Social*

Inequality. New York: Russell Sage, pp. 189–219.
Bianchi, S., Robinson, J. and Milkie, M. (2006), *Changing Rhythms of American Family Life*. New York: Russell Sage.
Biblarz, T. and Raftery, A. (1999), 'Family structure, educational attainment and socioeconomic success'. *American Journal of Sociology*, 105(2): 321–65.
Billari, F., Castiglioni, M., Castro Martin, T., Michielin, F. and Ongaro, B. (2002), 'Household and union formation in a Mediterranean fashion', in M. Corijn and E. Klijzing (eds), *Dynamics of Fertility and Partnership in Europe: Insights and Lessons from Comparative Research*, Vol. 2. Geneva: United Nations.
Bittman, M., England, P., Sayer, L., Folbre, N. and Matheson, G. (2003), 'When does gender trump money? Bargaining and time in household work'. *American Journal of Sociology*, 109: 186–214.
Bjorklund, A. and Palme, M. (2002), 'Income distribution within the life cycle versus between individuals', in D. Cohen, T. Piketty and G. Saint Paul (eds), *The Economics of Rising Inequalities*. Oxford: Oxford University Press, pp. 171–204.
Bjorklund, A., Jantti, M. and Solon, G. (2005), 'Influences of nature and nurture on earnings variation', in S. Bowles, H. Gintis and M. Osborne (eds), *Unequal Chances*. New York: Russell Sage, pp. 145–64.
Blackburn, M. L. and Bloom, D. (1989), 'Income inequality, business cycles and female labour supply', *Research in Economic Inequality*, Vol. 1, Greenwich, CT: JAI Press.
Blanden, J., Goodman, A., Gregg, P. and Machin, S. (2004), 'Changes in intergenerational mobility in Britain', in M. Corak (ed.), *Generational Income Mobility in North America and Europe*. Cambridge: Cambridge University Press, pp. 122–46.
Blau, D. (2001), *The Child Care Problem: An Economic Analysis*. New York: Russell Sage.
Blau, D. and Robins, P. (1989), 'Fertility, employment and childcare costs'. *Demography*, 26(2): 374–81.
Blau, F. and Kahn, L. (2003), 'Understanding international differences in the gender pay gap'. *Journal of Labor Economics*, 21(1): 106–44.
Blau, F. and Kahn, L. (2007), 'Changes in the labor supply behavior of married women, 1980–2000'. *Journal of Labor Economics*, 25: 393–48.
Blau, F., Brinton, M. and Grusky, D. (2006), *The Declining Significance of Gender?* New York: Russell Sage.
Blau, F., Ferber, M. and Winkler, A. (1998), *The Economics of Men, Women and Work*. New Jersey: Prentice Hall.

Bloemen, H. and Stancanelli, E. (2008), 'Housework, child care and paid work of spouses: Are wage rates the driving factor?' Unpublished paper, Department of Economics, Free University of Amsterdam (April).

Blossfeld, H. P. and Drobnic, S. (2001), *Careers of Couples in Contemporary Society*. Oxford: Oxford University Press.

Blossfeld, H. P. and Hakim, C. (1997), *Between Equalization and Marginalization*. Oxford: Oxford University Press.

Blossfeld, H. P. and Timm, A. (2003), *Who Marries Whom?* Dortrecht: Kluwer Publications.

Boeri, T., del Boca, D. and Pissaridis, C. (2005), *Women at Work: An Economic Perspective*. Oxford: Oxford University Press.

Bonke, J. and Esping-Andersen, G. (2008), 'Productivities, preferences and parental child care'. *Demosoc Working Paper*, 29, Universitat Pompeu Fabra.

Bonke, J., Datta Gupta, N. and Smith, N. (2003), 'The effect of timing and flexibility of housework activities on the wages of Danish men and women'. Unpublished paper, Danish Institute for Social Research (March 20).

Bose, C. (ed.) (1987), *The Hidden Aspects of Women's Work*. New York: Praeger.

Bourdieu, P. (1977), *Reproduction in Education, Society and Culture*. Beverly Hills: Sage.

Bourdieu, P. (1983), 'The forms of capital', in J. Richardson (ed.), *Handbook of Theory and Research in the Sociology of Education*. Westport, CT: Greenwood.

Bowles, S., Gintis, H. and Osborne, M. (2001), 'The determinants of earnings: A behavioural approach'. *Journal of Economic Literature*, XXXIX: 1137–76.

Bowles, S., Gintis, H. and Osborne Groves, M. (2005), *Unequal Chances: Family Background and Economic Success*. New York: Russell Sage.

Bowlus, A. and Robin, J. M. (2003), 'Twenty years of rising inequality in US lifetime labor income values'. Unpublished paper (www.restud.org.uk/barlusrobin-res.pdf)

Bratberg, E., Nilsen, O. and Vaage, K. (2005), 'Intergenerational earnings mobility in Norway'. *Scandinavian Journal of Economics*, 107(3): 419–35.

Breen, R. (2001). 'A rational choice model of educational inequality'. *Instituto Juan March Working Paper*. Vol. 166 (October), pp. 1–29.

Breen, R. (ed.) (2004), *Social Mobility in Europe*. Oxford: Oxford University Press.

Breen, R. and Cooke, L. (2005), 'The persistence of the gendered division of domestic labour'. *European Sociological Review*, 21: 43–57.

Brines, J. (1994), 'Economic dependency, gender, and the division of labor at home'. *American Journal of Sociology*, 100: 652–88.

Brodmann, S., Esping-Andersen, G. and Guell, M. (2007), 'When fertility is bargained'. *European Sociological Review*, 23: 599–614.

Brooks-Gunn, J., Duncan, G. and Aber, L. (1997), *Neighborhood Poverty: Context and Consequences for Children*, Vol. 1. New York: Russell Sage.

Browning, M. (1992), 'Children and household economic behavior'. *Journal of Economic Literature*, XXX (September 1992): 1434–75.

Browning, M., Bourguignon, F., Chiappori, P.-A. and Lechene, V. (1994), 'Incomes and outcomes: A structural model of within household allocation'. *Journal of Political Economy*, 102(6): 1067–96.

Burtless, G. (1999), 'Effects of growing wage disparities and changing family composition on the US income distribution'. *European Economic Review*, 43: 853–65.

Burtless, G. and Quinn, J. (2001), 'Retirement trends and policies to encourage work among older Americans', in Peter Budetti, Richard Burkhauser, Janice Gregory and H. Allan Hunt (eds), *Ensuring Health and Income Security for an Aging Workforce*, Kalamazoo, MI: Upjohn Institute, pp. 375–416.

Butrica, B., Iams, H. and Smith, K. (2003), 'It's all relative: understanding the retirement prospects of the baby-boomers'. Center for Retirement Research at Boston College, *Working Paper 2003–21*, Boston.

Calhoun, C. and Espenshade, T. (1988), 'Childbearing and wives' foregone earnings'. *Population Studies*, 43(1): 5–38.

Cambois, E., Robine, J. M. and Hayward, M. (2001), 'Social inequalities in disability-free life expectancy in the French male population, 1980–1991'. *Demography*, 38: 513–24.

Cancian, M., and Reed, D. (1999), 'The impact of wives' earnings on income inequality: issues and estimates'. *Demography*, 36(2): 173–84.

Cancian, M., Danziger, S. and Gottschalk, P. (1993), 'The changing contributions of men and women to the level of and distribution of family income: 1968–1988', in D. Papadimitrou and E. Wolff (eds), *Poverty and Prosperity in the USA in the Late 20th Century*. London: Macmillan Press, pp. 320–55.

Card, D. (1999), 'The causal effect of education on earnings', in Orley Ashenfelter and David Card (eds), *Handbook of Labor Economics*, Vol. 3A. Amsterdam: Elsevier Science, pp. 1801–64.

Carneiro, P. and Heckman, J. (2003), 'Human capital policy', in J. Heckman and A. Krueger (eds), *Inequality in America*. Cambridge, MA: MIT Press.

Castells, M. (1996), *The Rise of the Network Society*. Oxford: Blackwell.

CERC (2004), *Child Poverty in France*. Paris: Conseil de L'Emploi, des Revenues et de la Cohesion Sociale (Report number 4).

Cherlin, A. (1992), *Marriage, Divorce, and Remarriage*. Cambridge, MA: Harvard University Press.

Chiappori, P. (1988), 'Rational household labor supply'. *Econometrica*, 56: 63–90.

Chiappori, P. (1992), 'Collective labor supply and welfare'. *Journal of Political Economy*, 100: 437–67.

Christoffersen, N. (1993), *Familien I Aendring. En Statistisk Belysning af Familieforholdene*. Copenhagen: SFI.

Coleman, J. (1988), 'Social capital in the creation of human capital'. *American Journal of Sociology*, 94: 95–121.

Cooke, L. P. (2004), 'The gendered division of labour and family outcomes in Germany'. *Journal of Marriage and the Family*, 66: 1246–59.

Cooke, L. P. (2006), '"Doing" gender in context: Household bargaining and risk of divorce in Germany and the United States'. *American Journal of Sociology*, 112(2) (September 2006): 442–72.

Cooke, L. P. (forthcoming), 'Gender equity and fertility in Italy and Spain'. *Journal of Social Policy*.

Corak, M. (2004), *Generational Income Mobility in North America and Europe*. Cambridge: Cambridge University Press.

Corak, M. (2005), 'Do poor children become poor adults?' Paper prepared for the *CRISS Workshop*, Siena (September 25–6).

Cordon, F. and Sgritta, G. (2000), 'A Mediterranean perspective on low fertility'. Paper presented at the *European Observatory on Family*. Sevilla (September 15–16).

Corijn, M. and Klijzing, E. (eds) (2001), *Transition to Adulthood in Europe*. Dordrecht: Kluwer.

Couch, K. and Lillard, D. (2004), 'Non-linear patterns of intergenerational mobility on Germany and the United States', in M. Corak (ed.), *Generational Income Mobility*. Cambridge: Cambridge University Press, pp. 190–206.

Council of Europe (2001), *Recent Demographic Transformations in Europe*. Strasbourg: Council of Europe.

Currie, J. (2001), 'Early childhood intervention programs'. *Journal of Economic Perspectives*, 15: 213–38.

Datta Gupta, N. and Smith, N. (2002), 'Children and career interruptions: The family gap in Denmark'. *Economica*, 69: 609–29.
Davies, J. and Shorrocks, A. (1999), 'The distribution of wealth', in A. Atkinson and F. Bourguignon (eds), *Handbook of Income Distribution*, Vol. 1. Amsterdam: Elsevier, pp. 605–75.
Davies, J., Zhang, J. and Zeng, J. (2005), 'Intergenerational mobility under private vs. public education'. *Scandinavian Journal of Economics*, 107(3): 399–417.
Deding, M. and Lausten, M. (2004), 'Choosing between his time and her time?' Unpublished paper, *Danish Institute for Social Research* (March).
De Graaf, P. (1998), 'Parents' financial and cultural resources, grades, and transitions to secondary school'. *European Sociological Review*, 4: 209–21.
DeLaat, J. and Sevilla Sanz, A. (2006), 'Working women, men's home time and lowest-low fertility'. *ISER Working Paper*, 23.
Del Boca, D. (2003), 'The effect of child care and part-time opportunities on participation and fertility'. *Journal of Population Economics*, 15: 549–73.
Del Boca, D. and Pasqua, S. (2002), 'Employment patterns of husbands and wives and family income distribution in Italy (1977–1998)', IZA Discussion Papers 489, Institute for the Study of Labor (IZA).
De Santis, G. (2004), 'The monetary cost of children'. *Genus*, LX(1): 161–83.
Dex, S., Ward, D. and Joshi, H. (2008), 'Changes in women's occupations and occupational mobility over 25 years', in J. Scott, S. Dex and H. Joshi (eds), *Women and Employment: Changing Lives and New Challenges*. Cheltenham: Edward Elgar, pp. 54–80.
Duncan, G. and Brooks-Gunn, J. (1997), *Consequences of Growing Up Poor*. New York: Russell Sage.
Duvander, A. and Andersson, G. (2003), 'Gender equality and fertility in Sweden', in R. Erikson and J. Jonsson (1996), *Can Education be Equalized? The Swedish Case in Comparative Perspective*. Boulder, CO: Westview Press.
Ellwood, D. and Jencks, C. (2004), 'The spread of single-parent families in the United States since 1960', in D. Moynihan, T. Smeeding and L. Rainwater (eds), *The Future of the Family*. New York: Russell Sage, pp. 25–65.
England, P. and Budig, M. (1998), 'Gary Becker on the family', in D. Clawson (ed.), *Required Reading: Sociology's Most Influential Books*. Amherst: University of Massachusetts Press, pp. 99–110.

England, P. and Farkas, G. (1986), *Households, Employment and Gender*. New York: Aldine.
Erikson, R. and Goldthorpe, J. (1992), *The Constant Flux*. Oxford: Clarendon Press.
Erikson, R. and Jonsson, J. (1996), *Can Education be Equalized? The Swedish Case in Comparative Perspective*. Boulder, CO: Westview Press.
Ermisch, J. (1988), 'The econometric analysis of birth rate dynamics in Britain'. *Journal of Human Resources*, 23(4): 563–76.
Ermisch, J. (2003), 'How do parents affect the life chances of their children as adults? An idiosyncratic view'. SEDAP Research Paper No. 101, McMaster University, Hamilton, ON.
Ermisch, J. and Francesconi, M. (2002), 'The effect of parents' employment on children's educational attainment'. *ISER Working Paper*, 21, University of Essex.
Esping-Andersen, G. (1999), *Social Foundations of Postindustrial Economies*. Oxford: Oxford University Press.
Esping-Andersen, G. (2002), 'A child-centred social investment strategy', in G. Esping-Andersen, D. Gallie, A. Hemerijck and J. Myles (eds), *Why We Need a New Welfare State*. Oxford: Oxford University Press, pp. 26–67.
Esping-Andersen, G. (2004), 'Untying the Gordian knot of social inheritance'. *Research in Social Stratification and Mobility*, 21: 115–38.
Esping-Andersen, G. (2005), 'Inequality of incomes and opportunities', in A. Giddens and P. Diamond (eds), *The New Egalitarianism: Opportunity and Prosperity in Modern Societies*. Cambridge: Polity, pp. 8–38.
Esping-Andersen, G. (2007), 'Sociological explanations of changing income distributions'. *American Behavioral Scientist*, 50: 639–58.
Esping-Andersen, G., Gallie, D., Hemerijck, A. and Myles, J. (2002), *Why We Need a New Welfare State*. Oxford: Oxford University Press.
Esping-Andersen, G. and Myles, J. (2008), 'The welfare state and redistribution.' Ch. 14 in *The Oxford Handbook of Economic Inequality*. Oxford: Oxford University Press.
Evers, A., Lewis, J. and Riedel, B. (2005), 'Developing childcare provision in England and Germany'. *Journal of European Social Policy*, 15: 195–210.
Evertsson, M. and Nermo, M. (2004), 'Dependence within families and the division of labor'. *Journal of Marriage and the Family*, 66: 1272–86.

Evertsson, M. and Nermo, M. (2007), 'Changing resources and the division of housework'. *European Sociological Review*, 23: 455–70.
Farkas, G. (2003), 'Cognitive skills and noncognitive traits and behaviours in stratification process'. *Annual Review of Sociology*, 29: 541–62.
Felfe, A. C. (2008), *Economic Consequences of Motherhood – The Role of Disamenities*. PhD thesis, Department of Economics, Universitat Pompeu Fabra (July).
Fernandez, R., Guner, N. and Knowles, J. (2005), 'Love or money: A theoretical and empirical analysis of household sorting and inequality'. *Quarterly Journal of Economics*, 120(1): 273–344.
Ferree, M. (1990), 'Beyond separate spheres: Feminism and family research'. *Journal of Marriage and the Family*, 54: 866–84.
Feyrer, J., Sacerdote, B. and Stern, A. (2008), 'Will the stork return to Europe and Japan?' *Journal of Economic Perspectives*, 22 (3): 3-2A(0).
Forster, M. and d'Ercole, M. (2005), 'Income distribution and poverty in OECD countries in the second half of the 1990s'. *OECD Social, Employment and Migration Working Paper*, no. 22.
Fritzell, J. and Henz, U. (2001), 'Household income dynamics', in J. Jonsson and C. Mills (eds), *Cradle to Grave: Life Course Change in Sweden*, Durham: Sociology Press, pp. 184–210.
Fuchs, V. (1988), *Women's Quest for Economic Equality*. Cambridge, MA: Harvard University Press.
Fuwa, M. (2004), 'Macro-level gender inequality and the division of household labor in 22 countries'. *American Sociological Review*, 69: 751–67.
Garrett, G. (1998), 'Global markets and national politics: collision course or virtuous circle?' *International Organization*, 52: 787–824.
Gauthier, A. and Hatzius, J. (1997), 'Family benefits and fertility: an econometric analysis'. *Population Studies*, 38(3): 295–306.
Gauthier, A. and Lelievre, E. (1994), 'Women's employment patterns in Europe'. Paper presented at the *Comparing Welfare Systems in Europe Conference*, Oxford University, May 20–22.
Geist, C. (2005), 'The welfare state and the home'. *European Sociological Review*, 21: 23–41.
Gershuny, J. (2000), *Changing Times. Work and Leisure in Postindustrial Society*. Oxford: Oxford University Press.
Gershuny, J. and Robinson, J. (1988), 'Historical changes in the household division of labour'. *Demography*, 25: 537–52.
Gershuny, J., Bittman, M. and Brice, J. (2005), 'Exit, voice, and suffering: do couples adapt to changing employment patterns?' *Journal of Marriage and the Family*, 67: 656–65.

Gershuny, J., Goodwin, M. and Jones, S. (1994), 'The domestic labour revolution' in M. Anderson, F. Bechhofer and J. Gershuny (eds), *The Social and Political Economy of the Household*. Oxford: Oxford University Press.

Ghysels, J. (2004), *Work, Family and Child Care*. Cheltenham: Edward Elgar.

Gittleman, M. and Joyce, M. (1999), 'Have family income mobility patterns changed?' *Demography*, 36: 299–314.

Giuseppe, B., Blau, F. and Kahn, L. (2002), 'Labor market institutions and demographic employment patterns'. *NBER Working Papers* 9043, National Bureau of Economic Research.

Goldin, C. (1990), *Understanding the Gender Gap*. Oxford: Oxford University Press.

Goldin, C. (2006), 'The quiet revolution that transformed women's employment, education, and family'. *American Economic Review*, 96: 1–21.

Goldin, C. and Katz, L. (2008), *The Race Between Education and Technology*. Cambridge, MA: Belknap Press.

Goldin, C., Katz, L. and Kuziemko, I. (2006), 'The homecoming of American college women: the reversal of the college gender gap'. *Journal of Economic Perspectives*, 20: 133–56.

Gonzalez, M. and Jurado, T. (2005), 'Is there a minimal set of conditions before having a baby?' *DEMOSOC Working Paper*, Universitat Pompeu Fabra (June).

Gornick, J. and Meyers, M. (2003), *Families that Work*. New York: Russell Sage Foundation.

Gottschalk, P. and Smeeding, T. (1997), 'Cross-national comparisons of earnings and income inequality'. *Journal of Economic Literature*, XXXV: 633–87.

Green, D. and Riddell, W. (2001), 'Literacy, numeracy and labour market outcomes in Canada'. Ottowa: Statistics Canada, catalogue no. 89-552-MIE, no. 8.

Green, D. and Riddell, W. (2003), 'Literacy and earnings'. *Labour Economics*, 10: 165–84.

Gregg, P. and Machin, S. (2001), 'Childhood experiences, educational attainment and adult labour market performance', in K. Vleminckx and T. Smeeding (eds), *Child Well-Being, Child Poverty and Child Policy in Modern Nations*. Bristol: Policy Press, pp. 129–50.

Gregg, P. and Wadsworth, J. (2001), 'Everything you ever wanted to know about worklessness and polarization at the household level but were afraid to ask'. *Oxford Bulletin of Economics and Statistics*, 63: 777–806.

Gregg, P., Harkness, S. and Machin, S. (1999), *Child Development and Family Income*. York: Joseph Rowntree Foundation.
Gregg, P., Washbrook, E., Propper, C. and Burgess, S. (2005), 'The effects of mothers' return to work decision on child development in the UK'. *The Economic Journal*, 115: 48–80.
Gregory, M. (2008), 'Gender and economic inequality', Ch. 12, in *The Oxford Handbook of Economic Inequality*. Oxford: Oxford University Press.
Grunow, D., Schulz, F. and Blossfeld, H. P. (2008), 'Gender norms and economic resources: what determines the division of housework in the course of marriage?' Unpublished paper, Department of Sociology, Yale University.
Guillemard, Anne-Marie (2003), *L'âge de l'emploi: Les sociétés à l'épreuve du vieillissement*. Paris: Armand Colin.
Gupta, S. (1999), 'The effects of transitions in marital status on men's performance of housework'. *Journal of Marriage and Family*, 61: 700–11.
Gustafsson, S. (2001), 'Optimal age at motherhood: theoretical and empirical considerations on postponement of maternity in Europe'. *Journal of Population Economics*, 14(2): 225–47.
Gustafsson, S. and Kenjoh, E. (2004), 'New evidence on work among new mothers'. *European Review of Labour and Research*, 10: 34–47.
Gustafsson, S. and Stafford, F. (1992), 'Child care subsidies and labour supply in Sweden'. *Journal of Human Resources*, 27: 204–30.
Gutierrez-Domenech, M. (2007), 'El tiempo con los hijos y la actividad laboral de los padres'. *La Caixa, Servicio de Estudios*, 6 (April).
Haber, C. and Gratton, B. (1994), *Old Age and the Search for Security: An American Social History*. Bloomington: Indiana University Press.
Haider, S. (2001), 'Earnings instability and earnings inequality of males in the United States, 1967–1991'. *Journal of Labor Economics*, 19: 799–836.
Hakim, C. (1996), *Key Issues in Women's Work*. London: Athlone.
Hakim, C. (2003), *Work-Lifestyle Choices in the Twenty-First Century*. Oxford: Oxford University Press.
Hallberg, D. and Klevmarken, A. (2003), 'Time for children: A study of parents' time allocation'. *Population Economics*, 16: 205–26.
Hanusheck, E., Kain, J., Markman, J. and Rivkin, S. (2003), 'Does peer ability affect student achievement?' *Journal of Applied Econometrics*, 18: 527–44.
Harding, D., Jencks, C., Lopoo, L. and Mayer, S. (2005), 'The changing effect of family background on the incomes of American adults', in

S. Bowles, H. Gintis and M. Osborne (eds), *Unequal Chances*. New York: Russell Sage, pp. 100–44.
Harkness, S. and Waldfogel, J. (2003), 'The family gap in pay: Evidence from seven industrialized countries'. *Research in Labor Economics*, 22: 369–414.
Hattersley, Lin (1999), 'Trends in life expectancy by social class – an update'. *Health Statistics Quarterly* 2: 16–24.
Haveman, R. and Wolfe, B. (1995), *Succeeding Generations: On the Effects of Investments in Children*. New York: Russell Sage Foundation.
Haveman, R., Sandefur, G., Wolfe, B. and Voyer, A. (2004), 'Trends in children's attainments', in K. Neckerman (ed.), *Social Inequality*. New York: Russell Sage, pp. 149–88.
Heckman, J. (1999), 'Doing it right: job training and education'. *The Public Interest* (Spring): 86–106.
Heckman, J. and Lochner, L. (2000), 'Rethinking education and training policy: understanding the sources of skill formation in a modern economy', in S. Danziger and J. Waldvogel (eds), *Securing the Future*. New York: Russell Sage, pp. 47–86.
Heclo, H. (1988), 'Generational politics', in John Palmer, Timothy Smeeding and Barbara Torrey (eds), *The Vulnerable*. Washington DC: The Urban Institute, pp. 381–411.
Hemerijck, A. (2002), 'The self-transformation of the European social models', in G. Esping-Andersen, A. Hemerijck and J. Myles (eds), *Why We Need a New Welfare State*. Oxford: Oxford University Press, pp. 173–214.
Hill, C. R. and Stafford, F. P. (1974), 'Allocation of time to pre-school children and educational opportunity'. *Journal of Human Resources*, 9(3): 323–41.
Hill, C. R. and Stafford, F. P. (1980), 'Parental care of children: Time diary estimates of quantity, predictability, and variety'. *Journal of Human Resources*, 15(2): 219–39.
Hills, J. (2004), *Inequality and the State*. Oxford: Oxford University Press.
Hochchild, A. (1989), *The Second Shift*. New York: Avon Books.
Hoem, B. (1995), 'The gender-segregated Swedish labor market', in V. Oppenheimer and A. Jensen (eds), *Gender and Family Change in Industrialized Countries*. Oxford: Clarendon Press, pp. 279–96.
Hook, J. (2006), 'Men's unpaid work in 20 countries, 1965–1998'. *American Sociological Review*, 71: 639–60.
Hotz, V. J., Klerman, J. A. and Willis, R. (1997), 'The economics of fertility in developed countries', in M. Rosenzweig and O. Stark (eds),

Handbook of Population and Family Economics, Vol. 1A. Amsterdam: Elsevier, pp. 276–347.
Huisman, M., Kunst, A. and Bopp, M. (2005), 'Educational inequalities in cause-specific mortality'. *Lancet*, 366: 807–8.
Hyslop, D. (2001), 'Rising U.S. earnings inequality and family labor supply: the covariance structure of intrafamily earnings'. *American Economic Review*, 91(4): 755–7.
Immervoll, H. and Barber, D. (2005), 'Can parents afford to work?' OECD-DELSA *Working Paper*, no. 10.
Iyigun, M. (2005), 'Bargaining and specialization in marriage'. *IZA Working Paper*, no. 1744.
Jacobzone, S. (1999), 'Ageing and caring for frail elderly persons: A review of international perspectives'. *Labour Market and Social Policy Occasional Paper*, OECD.
James-Burduny, S. (2005), 'The effect of maternal labor force participation on child development'. *Journal of Labor Economics*, 23(1): 177–211.
Jantti, M., Bratsberg, M., Roed, K., Raaum, R., Naylor, R., Osterbacka, E., Bjorklund, A. and Eriksson, T. (2006), 'American exceptionalism in a new light: A comparison of intergenerational earnings mobility in the Nordic countries, the United Kingdom, and the United States'. IZA Discussion Paper, no.1938, IZA-Bonn.
Jenkins, S. (1995), 'Accounting for inequality trends: Decomposition analysis for the UK, 1971–86'. *Economica*, 62: 29–63.
Jensen, P. (2002), 'The postponement of childbirth: Does it lead to a decline in completed fertility or is there a catch-up effect?' Unpublished paper, Department of Economics, Aarhus University (November).
Joshi, H., Davies, H. and Land, H. (1996), *The Tale of Mrs Typical*. London: Family Policy Studies Centre.
Juhn, C. and Murphy, K. (1997), 'Wage inequality and family labor supply'. *Journal of Labor Economics*, 15(1): 72–97.
Juhn, C., Murphy, K. and Pierce, B. (1993), 'Inequality and rise in returns to skills'. *Journal of Political Economy*, 101: 410–42.
Juster, T. and Stafford, F. (1985), *Time, Goods and Well-Being*. Ann Arbor, MI: University of Michigan Press.
Kamerman, S., Neuman, M., Waldfogel, J. and Brooks-Gunn, J. (2003), 'Social policy, family types, and child outcomes in selected OECD countries'. OECD Employment and Social Affairs *Working Paper*, no. 6.
Kampmann, J. and Warming Nielsen, H. (2004), 'Socialized childhood: Children in Denmark', in A. Jensen, A. Ben-Arieh, C. Conti,

D. Kutsar and H. Warming Nielsen (eds), *Children's Welfare in Ageing Europe*. Oslo: Norwegian Centre for Child Research, pp. 649–701.

Kangas, O. and Ritakallo, V. (1998), 'Social policy or structure? Income transfers, socioeconomic factors and poverty in the Nordic countries and France'. *LIS Working Paper*, 190.

Karoly, L. (1998), *Investing in our Children: What We Know and Don't Know About the Benefits of Early Childhood Investment*. Santa Monica, CA: Rand Corporation.

Karoly, L. and Burtless, G. (1995), 'Demographic change, rising earnings inequality, and the distribution of personal well-being, 1959–1989'. *Demography*, 32(3): 379–405.

Karoly, L., Kilburn, R, and Cannon, J. (2005), *Early Childhood Interventions*. Santa Monica, CA: Rand Corporation.

Katz, L. and Autor, D. (1999), 'Changes in the wage structure and earnings inequality', in O. Ashenfelter and D. Card (eds), *Handbook of Labor Economics*, Vol. 3A. Amsterdam: Elsevier, pp. 1464–1555.

Katzenstein, P. (1984), *Small States in World Markets*. Ithaca, NY: Cornell University Press.

Kenworthy, L. and Pontusson, J. (2005), 'Rising inequality and the politics of redistribution in affluent countries'. *Perspectives on Politics* 3(3): 449–71.

Kiernan, K. (2004), 'Unmarried co-habitation and parenthood', in D. Moynihan, T. Smeeding and L. Rainwater (eds), *The Future of the Family*. New York: Russell Sage, pp. 66–95.

Kim, K. and Rodriguez-Pueblita, J. (2005), 'Are married women secondary workers?' *Congressional Budget Office Working Paper*, 2005–11. Washington DC.

Klerman, J. and Karoly, L. (1994), 'Young men and the transition to stable employment'. *Monthly Labour Review*, 117: 31–48.

Klevmarken, A. (1998), 'Microeconomic analyses of time-use data. Did we reach the promised land?' Unpublished paper. Department of Economics, Uppsala University (May 15).

Knesebeck, O., Wahrendorf, M., Hyde, M. and Siegrist, J. (2007), 'Socioeconomic position and quality of life among older people in 10 European countries'. *Ageing and Society*, 27: 269–84.

Knudsen, L. (1999),'Recent fertility trends in Denmark: The impact of family policy in a period of increasing fertility'. *Danish Centre for Demographic Research*, Research Report, no 11.

Kohler, H. P., Billari, F., and Ortega, J. A. (2002),'The emergence of lowest-low fertility in Europe'. *Population and Development Review*, 28(4): 641–80.

Kohli, M., Guillemard, A., van Gunstern, H. and Rein, M. (1991), *Time for Retirement*. Cambridge: Cambridge University Press.

Korpi, T. and Stern, C. (2008), 'Globalization, deindustrialization and the labor market experiences of Swedish women', in H. P. Blossfeld and H. Hofmeister (eds), *Globalization, Uncertainty and Women's Careers*. Cheltenham: Edward Elgar, pp. 115–41.

Kravdal, O. (1996), 'How the local supply of daycare influences fertility in Norway'. *Population Research and Policy Review*, 15(3): 201–18.

Kravdal, O. and Rindfuss, R. (2008), 'Changing relationships between education and fertility: A study of women and men born 1940 to 1964'. *American Sociological Review*, 73: 854–73.

Kreyenfeld, M. and Hank, K. (1999), 'The availability of childcare and mothers' employment in West Germany'. DIW Discussion Paper, 191.

Krugman, P. (1991), 'History versus expectations'. *Quarterly Journal of Economics* (May): 651–67.

Kvist, J. (2002), 'Activating welfare states: How social policies can promote employment', in J. Clasen (ed.), *What Future for Social Security?* Bristol: The Policy Press, pp. 197–210.

Lam, D. (1997), 'Demographic variables and income inequality', in M. R. Rosenzweig and O. Stark (eds), *Handbook of Population and Family Economics*. Amsterdam: Elsevier Science, pp. 1015–59.

Lesthaege, Ron (1995), 'The second demographic transition in western countries: An interpretation', in K. Oppenheim Mason and A.-M. Jensen (eds), *Gender and Family Change in Industrialized Countries*. Oxford: Clarendon Press.

Levy, F. (1987), 'Dollars and dreams: The changing American income distribution'. New York: Russell Sage Foundation, pp. 160–6.

Levy, F. (1998), *The New Dollars and Dreams*. New York: Russell Sage.

Livi-Bacci, M. (2001), 'Comment: Desired family size and the future course of fertility'. *Population and Development Review*, 27 (supplement): 282–9.

Lucifora, C., McKnight, A. and Salverda, W. (2005), 'Low wage employment in Europe'. *Socioeconomic Review*, 3: 293–310.

Lundberg, S. (2005), 'Sons, daughters, and parental behavior'. *Oxford Review of Economic Policy*, 21: 340–56.

Lundberg, S. and Pollak, R. (2007), 'The American family and family economics'. *Journal of Economic Perspectives*, 21: 3–26.

Lundberg, S. and Rose, E. (2003), 'Child gender and the transition of marriage'. *Demography*, 40(2): 333–50.

Lundberg, S., McLanahan, S. and Rose, E. (2007), 'Child gender and father involvement in fragile families'. *Demography*, 44: 77–92.

Lundberg, S., Pollak, R. and Wales, T. (1997), 'Do husbands and wives pool their resources?' *Journal of Human Resources*, 32: 463–80.
Machin, S. and Vignoles, A. (2005), *What's the Good of Education?* Princeton: Princeton University Press.
Maitre, B., Whelan, C. and Nolan, B. (2003), 'Female partners' income contribution to the household income in the EU'. *EPAG Working Paper*, 43. Colchester: University of Essex.
Martin, M. A. (2006), 'Family structure and income inequality in families with children, 1976 to 2000'. *Demography* 43: 421–45.
Masnick, G. and Bane, M. J. (1984), *The Nation's Families*. Cambridge, MA: Auburn House Press.
Maurin, E. (2002), 'The impact of parental income on early schooling transitions'. *Journal of Public Economics*, 85: 301–32.
Mayer, K. U. (2004), 'Whose lives? How history, societies, and institutions define and shape life courses'. *Research in Human Development*, 13: 161–87.
Mayer, S. (1997), *What Money Can't Buy*. Cambridge, MA: Harvard University Press.
Mayers, M., Rosenbaum, D., Ruhm, C. and Waldvogel, J. (2004), 'Inequality in early childhood education and care: What do we know?', in K. Neckerman (ed.), *Social Inequality*. New York: Russell Sage, pp. 223–70.
McDonald, P. (2000), 'The tool-box of public policies to impact on fertility'. Paper presented at the *European Observatory on Family*, Sevilla (September 15–16).
McDonald, P. (2002), 'Low fertility:unifying the theory and the demography'. Paper presented at the *Population Association of America Meetings*, Atlanta, 9–11 May.
McLanahan, S. (2004), 'Diverging destinies: How children fare under the 2nd demographic transition'. *Demography*, 41: 607–27.
McLanahan, S. and Casper, L. (1995), 'Growing diversity and inequality in the American family', in R. Farley (ed.), *State of the Union: America in the 1990s*. New York: Russell Sage, pp. 1–45.
McLanahan, S. and Sandefur, G. (1994), *Growing up with a Single Parent*. Cambridge, MA: Harvard University Press.
Medina, L. (2005), 'The comparative statics of collective action'. *Rationality and Society*, 17: 423–52.
Mocan, H. (1995), 'Quality adjusted cost functions for child care centers'. *American Economic Review*, 85: 409–13.
Mocan, H. (1997), 'Cost functions, efficiency, and quality in day care centers'. *Journal of Human Resources*, 32: 861–91.

Mocan, H. (2007), 'Can consumers detect lemons? An empirical analysis of information asymmetry in the market for child care'. *Journal of Population Economics*, 20: 743–80.

Mooij, R. (2006), *Reinventing the Welfare State*. The Hague: Netherlands Bureau for Economic Policy Analysis.

Morris, M. and Western, B. (1999), 'Inequality in earnings at the close of the twentieth century'. *Annual Review of Sociology*, 25: 623–57.

Morrisette, R. and Johnson, A. (2004), 'Earnings of couples with high and low levels of education, 1980–2000'. Ottowa: Statistics Canada. Analytical Studies Research Paper Series, no. 230.

Musgrave, R. (1986), *Public Finance in a Democratic Society. Vol. II: Fiscal Doctrine, Growth and Institutions*. New York: New York University Press.

Myles, J. (2002), 'A new social contract for the elderly?' in G. Esping-Andersen, D. Gallie, A. Hemerijck and J. Myles, *Why We Need a New Welfare State*. Oxford: Oxford University Press, pp. 130–72.

Myles, J. (2003), 'Where have all the sociologists gone? Explaining economic inequality'. *Canadian Journal of Sociology*, 28: 553–61.

Neyer, G. (2003), 'Family policies and low fertility in Western Europe'. *Max Planck Institute for Demographic Research Working Paper*, 2003-021.

Nickell, S. (1997), 'Unemployment and labour market rigidities: Europe versus America'. *Journal of Economic Perspectives*, 11(3): 55–74.

Notestein, F. (1944), *The Future Population of Europe and the Soviet Union: Population Projections, 1940–1970*. Geneva: League of Nations.

Nyberg. A. (1994), 'The social construction of married women's labour force participation'. *Continuity and Change*, 9: 145–56.

Nygaard Christoffersen, M. (2004), *Familiens Udvikling I det 20ende Aarhundrede*. Copenhagen: SFI.

OECD (1996), *Caring for the Elderly*. Paris: OECD.

OECD (1997), *Literacy, Economy and Society*. Paris: OECD.

OECD (1998), *Maintaining Prosperity in Old Age*. Paris: OECD.

OECD (1999), *Employment Outlook*. Paris: OECD.

OECD (2000), *Literacy in the Information Age*. Paris: OECD.

OECD (2001), *A Caring World*. Paris: OECD.

OECD (2002), *Babies and Bosses. Reconciling Work and Family Life*. Vol. 1. Paris: OECD.

OECD (2003), *Knowledge and Skills for Life*. Paris: OECD.

OECD (2006), *Starting Strong II: Early Childhood Education and Care*. Paris: OECD.

OECD (2007), The OECD Family Database (*www.oecd.org/els/social/family/database*).
Okonomisk Raad (2001), *Dansk Okonomi* (The Danish Economy). Copenhagen: Det Okonomiske Raads Formandsskab.
Oppenheimer, V. K. (1997), 'Women's employment and the gains to marriage'. *Annual Review of Sociology*, 23: 431–53.
Oxley, H., Dang, T., Forster, M. and Pellazari, M. (1999), 'Income inequalities and poverty among children and households with children in selected OECD countries'. Luxembourg: *LIS Working Paper Series*.
Pallier, B. (2002), *Gouverner la Sécurité Sociale*. Paris: Presses Universitaires de France.
Parsons, T. and Bales, R. (1955), *Family, Socialization and Interaction Processes*. Glencoe, IL: The Free Press.
Pasqua, S. (2001), 'Wives' work and income distribution in European countries'. *CHILD Working Paper* (June), University of Torino.
Pencavel, J. (1998a), 'Assortative mating by schooling and the work behaviour of wives and husbands'. *American Economic Review*, 88: 326–9.
Pencavel, J. (1998b), 'The market work behaviour and wages of women'. *Journal of Human Resources*, 38: 771–804.
Pencavel, J. (2006), 'Earnings inequality and market work in husband–wife families' (rev.), IZA Discussion Papers 2235, *Institute for the Study of Labor* (IZA).
Piketty, T. (2003), 'Theories of persistent inequality and intergenerational mobility', in A. B. Atkinson and F. Bourguignon (eds), *Handbook of Income Distribution*. Amsterdam: Elsevier, pp. 429–76.
Pissaridis, C., Garibaldi, P., Olivetti, C., Petrongolo, B. and Wasmer, E. (2003), *Women in the Labour Force: How Well is Europe Doing?* Report to the 5th European Conference of the Fondazione Debenedetti (Alghero, June).
Polacheck, S. (2003), 'How the human capital model explains why the gender wage gap narrowed'. *Maxwell School Working Paper*, no. 375, Syracuse University.
Polanyi, K. (1944), *The Great Transformation*. New York: Rinehart.
Polavieja, J. (2003), 'Temporary contracts and labour market segmentation in Spain'. *European Sociological Review*, 19(5): 501–18.
Pollak, R. A. (2005), 'Bargaining power in marriage: Earnings, wage rates and household production'. *NBER Working Paper*, 11239, March 2005.
Preston, P. (2004), 'The value of children', in D. Moynihan, T. Smeeding

and L. Rainwater (eds), *The Future of the Family*. New York: Russell Sage, pp. 263–67.

Pryor, F. and Schaffer, D. (2000), *Who's not Working and Why?* Cambridge: Cambridge University Press.

Rainwater, L. and Smeeding, T. (2003), *Poor Kids in a Rich Country*. New York: Russell Sage.

Rake, K. (2000), *Women's Incomes over the Lifetime*. London: The Cabinet Office.

Raley, S., Mattingly, M. and Bianchi, S. (2006), 'How dual are dual earner couples?' *Journal of Marriage and Family*, 68: 11–28.

Ramey, V. (2006), 'A century of work and leisure'. *NBER Working Paper*, 12264.

Ramey, S. and Ramey, C. (2000), 'Early childhood experiences and developmental competence', in S. Danziger and J. Waldvogel (eds), *Securing the Future: Investing in Children from Birth to College*. New York: Russell Sage, pp. 122–50.

Reed, D. and Cancian, M. (2001), 'Sources of inequality: Measuring the contributions of income sources to rising family income inequality'. *Review of Income and Wealth*, 47: 302–21.

Rindfuss, R. (1991), 'The young adult years: Diversity, structural change, and fertility'. *Demography*, 28: 493–512.

Rosen, S. (1996), 'Public employment and the welfare state in Sweden'. *Journal of Economic Literature*, 34: 729–40.

Ruhm, C. (1998), 'The economic consequences of parental leave mandates'. *Quarterly Journal of Economics*, 113(1): 285–317.

Ruhm, C. (2004), 'Parental employment and child cognitive development'. *Journal of Human Resources*, 34: 155–92.

Ryscavage, P. (1999), *Income Inequality in America*. New York: M. E. Sharpe.

Ryscavage, P., Green, G. and Welniak, E. (1992), 'The impact of demographic, social, and economic change on the distribution of income'. *Journal of Income Distribution*, 12: 60–83.

Sarasa, S. (2004), 'El descenso de la natalidad y los servicios de proteccion social a los ancianos'. *Informacion Commercial Española*, 815: 205–18.

Sarasa, S. (2005), 'How do mid-life women reconcile adult care and employment?' Paper presented at ESPANET Conference, Friburg, September 25.

Sarasa, S. and Mestres, J. (2005), 'Women's employment and the adult caring burden'. *Demosoc Working Paper*, 7.

Sayer, L., Gauthier, A. and Furstenberg, F. (2004), 'Educational differences in parents' time with children: Cross-national variations'. *Journal of Marriage and the Family*, 66: 1152–69.

Schindler-Rangvid, B. (2006), 'Living and learning separately?' *AKF Working Paper*, February 4.

Schmid, G. (2008), *Full Employment in Europe*. Cheltenham: Edward Elgar.

Schokkaert, E. and Van Parijs, P. (2003), 'Social justice and the reform of Europe's pension systems'. *Journal of European Social Policy*, 13: 245–63.

Schrammel, K. (1998), 'Comparing the labor market success of young adults from two generations'. *Monthly Labor Review*, 121 (February): 3–9.

Schwartz, C. and Mare, R. (2005), 'Trends in educational assortative marriage from 1940–2003'. *Demography*, 42: 621–46.

Scott, J. (2008), 'Changing gender role attitudes', in J. Scott, S. Dex, and H. Joshi (eds), *Women and Employment: Changing Lives and New Challenges*. Cheltenham: Edward Elgar, pp. 156–78.

Shalev, M. (2008), 'Class divisions among women'. *Politics and Society*, 36: 421–44.

Shavit, Y. and Blossfeld, H. P. (1993), *Persistent Inequality: Changing Educational Attainment in Thirteen Countries*. Boulder: CO: Westview Press.

Shelton, B. and John, D. (1996), 'The division of household labor'. *Annual Review of Sociology*, 22: 299–322.

Sigle-Rushton, W. and Waldfogel, J. (2004), 'Family gaps in income: A cross-national comparison'. *Maxwell School of Citizenship and Public Affairs Working Paper*, 382.

Simonsen, M. (2005), 'Provision and costs of high quality day care and female employment'. Unpublished paper, Department of Economics, Aarhus University (April).

Sleebos, J. (2003), 'Low fertility rates in the OECD countries'. *OECD Social, Employment and Migration Working Paper*, 15.

Smeeding, T. (2004), 'Government programs and social outcomes: The United States in comparative perspective'. Paper presented at the Smolensky Conference, University of California, Berkeley (December 12–13).

Smith, M. (2005), 'Dual earning in Europe: Time and occupational equity'. *Work, Employment and Society*, 19: 131–9.

Soderstrom, M. and Uusitalo, R. (2004), 'School choice and segregation'. *IFAU Working Paper*, no. 7.

Solon, Gary (1999), 'Intergenerational mobility in the labor market', in Orley Ashenfelter and David Card (eds), *Handbook of Labor Economics*, Vol. 3A, Amsterdam: Elsevier Science, pp. 1761–1800.

Sorensen, A. and McLanahan, S. (1987), 'Married women's economic dependency, 1940–1980'. *American Journal of Sociology*, 93: 659–87.

Stevenson, B. and Wolfers, J. (2006), 'Bargaining in the shadow of the law'. *Quarterly Journal of Economics*, 121: 267–88.

Stier, L., Lewin-Epstein, N. and Braun, M. (2001), 'Welfare regimes, family supportive policies, and women's employment along the life course'. *American Journal of Sociology*, 106(6): 1731–60.

Storesletten, K. (2000), 'Sustaining fiscal policy through immigration'. *Journal of Political Economy*, 108(21): 300–23.

Thompson, L. (1998), *Older and Wiser: The Economics of Public Pensions*. Washington, DC: The Urban Institute.

UNICEF (2005), *A League Table of Child Poverty in Rich Countries*. Firenze: Innocenti Report Card.

US Census Bureau (1970), *Historical Statistics*. Washington, DC: The Census Bureau.

US Census Bureau (2005), *Current Population Reports*. Washington, DC: The Census Bureau.

US Census Bureau (2006), *Statistical Abstracts of the United States*. Washington DC: The Census Bureau.

Vaelfaerdskommissionen (2004), *Analyserapport*. Copenhagen: Velfaerdskommissionen.

Van de Kaa, D. (2001), 'Postmodern fertility preferences: From changing value orientation to new behavior'. *Population and Development Review*, 27 (supplement): 290–331.

Vandenbroucke, F. (2002), 'Foreword', in G. Esping-Andersen et al. (eds), pp. viii–xxiv.

Vleminckx, K. and Smeeding, T. (2001), *Child Well-being, Child Poverty and Child Policy in Modern Nations*. Bristol: Policy Press.

Waldfogel, J. (1998), 'Understanding the family gap in pay for women with children'. *Journal of Economic Perspectives*, 12: 137–56.

Waldfogel, J. (2002), 'Child care, women's employment and child outcomes'. *Journal of Population Economics*, 15: 527–48.

Waldfogel, J. and Mayer, S. (1999), 'Male–female differences in the low-wage labor market'. *JCPR Working Papers*, 70, Northwestern University/University of Chicago Joint Center for Poverty Research.

Waldfogel, J., Han, W. and Brooks-Gunn, J. (2002), 'The effects of early maternal employment on child cognitive development'. *Demography*, 39: 369–92.

Waldfogel, J., Higuchi, Y. and Abe, M. (1999), 'Family leave policies and women's retention after birth'. *Journal of Population Economics*, 12: 523–46.

Warren, J., Hauser, R. and Sheridan, J. (2002), 'Occupational stratification across the life course'. *American Sociological Review*, 67: 432–55.

Wasmer, E. (2002), 'The causes of the youth employment problem', in D. Cohen, T. Pikkety and G. Saint-Paul (eds), *The Economics of Rising Inequalities*. Oxford: Oxford University Press, pp. 133–46.

Western, B., Bloome, D. and Percheski, C. (2008), 'Inequality among American families with children: 1975–2005'. Unpublished manuscript. Harvard University, Kennedy School of Government.

Whelan, C., Layte, R. and Maitre, B. (2004), 'Understanding the mismatch between income poverty and deprivation: A dynamic comparative analysis'. *European Sociological Review*, 20: 287–302.

Wilkinson, R. (forthcoming), 'Inequality and health', in A. Giddens and P. Diamond, (eds), *The New Egalitarianism*. Cambridge: Polity.

Woessmann, L. (2004), 'How equal are equal opportunities? Family background and student achievement in Europe and the United States'. IZA Discussion Paper, no. 1284.

Wolfson, M., Rowe, G., Lin, X. and Gribble, S. (1998), 'Historical generational accounting with heterogeneous populations', in M. Corak (ed.), *Government Finances and Generational Equity*. Ottowa: Statistics Canada, pp. 107–26.

Wood, R. (1995), 'Marriage rates and marriageable men: A test of the Wilson hypothesis'. *Journal of Human Resources*, 30: 163–93.

索　引[①]

index

Page numbers in italic refer to tables

① 为方便读者查阅，本书按原版复制索引，且其所标页码均为原版书页码。

内容提要

abstract

我们在新的世纪面临着三大挑战。首先，如何使制度适应女性的新角色？其次，如何培养教育我们的孩子，使他们为知识经济做好准备？最后，如何回应新的人口变化，尤其是低生育率和人口老龄化？我们的未来，在很大程度上取决于我们如何应对这三个将增加社会不平等的挑战。在本书中，古斯塔·埃斯平-安德森研究了不同社会对这些挑战的反应。本书特别关注以下议题：追求两性平等、家庭在社会不平等再生产方面的作用以及与人口老龄化相关的重大不平等问题。通过比较分析，本书试图找到那些不仅可以优化个人生活的机会，而且可以优化集体福祉的福利国家改革方案。本书适合从事社会管理与社会政策研究、性别和家庭研究、人口问题研究的教师及研究生、本专科生使用。